백만장자
아웃풋

백만장자
아웃풋

가미오카 마사아키 지음
황미숙 옮김

당신을 평생 부자로 만들 행동의 법칙

Millionaire

Output

RHK
알에이치코리아

연 수입 10억 원 이상을 달성한 백만장자와

아무리 노력해도 2억 원 이상을

벌지 못하는 사람 사이에는

'분명한 차이'가 있다.

진심으로 10억 원을 벌 수 있다고

생각하는 사람만이

연 수입 10억 원을 손에 쥘 수 있다.

'2억 원 정도면 나름 성공한 거지'라고

생각하는 사람은

대부분 연 수입 2억 원도 달성하지 못한다.

백만장자가 되고 싶다면

우선 간절히 기도하라.

자신의 욕망과 정면으로 마주해도 된다.

타인을 위한 목표는 그다음이다.

자, 당신에게는

어떤 '욕망'이 있는가?

도망만 치던 낙오자에서
백만장자로 거듭난 이유

'나에게는 아무런 특기도 재능도 없는데, 백만장자씩이나 될 수 있겠어? 말도 안 돼!'

책의 제목을 보고 이런 생각이 떠올랐다면, 당신은 성공에 관해 큰 오해를 하고 있다. 사람의 성공은 능력에 따라 결정되는 게 아니다. 부모나 환경과도 무관하다. 성공은 '행동'의 차이로 정해진다. 그리고 그 행동을 지속한 사람 중에서 특출나게 성공하고 부를 손에 넣는 이가 나오는 것이다. 즉, 사람의 성공은 '아웃풋'이 가져온다는 말이다.

회사의 경영자로서 나는 능력만으로 직원들을 평가하지 않는다. 요즘은 실적이나 할당량 달성 정도에 따라 직원을 평가하는 성과주의 회사가 일반적이지만, 나를 포함해 성공을 손에 넣은 경영자는 다르다. 실패까지 포함한 행동을 제대로 평가한다.

내 수첩의 첫 장에는 하나의 신념이 쓰여 있다.

"가능성은 무한하다. 행동을 지속하면 오늘보다 더 나은 내일이 된다."

돈을 벌기 위한 일, 예를 들어 회사를 다니는 것이나 창업, 혹은 투자에 이르기까지 모든 일에 행동이 우선되어야 한다. 실제로 지금의 나는 행동했기에 존재한다고 딱 잘라 말할 수 있다.

나는 태어나서 얼마 되지 않아 어머니를 여의었고, 중학생 때는 가출을 반복했으며, 대학 입시에도 실패했다. 뚜렷한 이유 없이 삶에 대한 열정이 식어버린, 노력을 가볍게 여기는 타입이어서 능력이 없는 내가 성공하는 것은 불가능하다고 생각했다. 사회에 나와서도 이러한 태도는 변하지 않아 여전히 열정이 없고, 노력하지 않는 '낙오자'였다. 시간 관리도 제대로 하지 못했기에 지금 생각하면 선생님과 주변 사람들에게 민폐를 많이 끼친 사람이었구나 싶다.

나는 "나 같은 게 어떻게 성공하겠어"라는 말만 입버릇처럼 내뱉는 전형적인 인간이었다. 하지만 스스로 행동하기 시작하면서 많은 성공한 사람들을 만났고, 생각이 180도 바뀌었다. 그 결과로 3개 회사를 경영하는 CEO가 되었고 중국, 한국, 미국 등의 해외번역본을 포함해 약 20여 권의 서적을 출간했다. 그리고 보란 듯이 상당한 자산을 축적했다.

과거의 내 모습을 알던 지인들은 하나같이 입을 모아 이렇게 말한다. "그렇게 의욕이 없고 무슨 일을 해도 어중간하던 네가 어떻게 이렇게 성공했어?"

실제로 연 수입이 10억 원을 상회하는 사람이나 여러 회사를 경영하는 경영주 중에는 가난한 집에서 태어났거나, 공부를 많이 하지 못했다는 핸디캡을 극복한 사람이 많다. 반면에 일류 대학을 나오고 재능이 많은 사람이라도 능력을 발휘하지 못하고 일이 잘 풀리지 않는 사람도 있다.

그렇다면 이런 차이는 도대체 어디서 오는 걸까? 그 본질을 알아내고자 나는 회사를 경영하면서 대학원에서 정보학을 공부했다. 신경뇌과학을 전공하고 학회에서 연구도 진행하면서 해답을 찾으려고 애써왔다.

뇌와 성공의 법칙에 대해 여러 가지 조사한 결과 알게 된 사실이 있다. 모든 것은 '행동'에 달려 있다는 것이다. 구체적으로는 행동하는 데 필요한 '지식과 습관', 스스로 행동하게 만드는 '메커니즘'이 중요했다.

'인풋 지옥'에서는
일상이 달라지지 않는다

나는 경영자이자 작가로 활동하는 동시에 투자자로서 많은 자산을 축적했다. 지금은 구독자 수가 23만 명이 넘는 채널을 가진 유튜버이기도 하다. 특이한 나의 이력 때문인지 해외 미디어와 방송국에서 취재를 오기도 하고, 감사하게도 많은 경영자와 사업가, 운동선수, 연예인을 만날 기회가 주어졌다. 그들을 만나 대화한 결과로 '성공한 사람'들에게 공통점이 있음을 알게 되었다.

바로 무시무시할 정도의 행동력이다. 사람의 성공을 결정짓는 요소는 타고난 능력만이 아니다. 능력보다 더 크게 인생을 좌우하는 것은 역시 '행동'이다. '당연한 이야기를 하고 있네?'라고 생각할지도 모르겠다. 그렇다면 질문을 하나 할 테니 답해보라. 지금까지 살아온 인생을 돌이켜보았을 때, 당신은 행동했다고 당당하게 말할 수 있는가?

혹시 당신은 그저 행동한 것 같은 기분에 젖어 있었던 것은 아닌가?

열심히 인풋의 양을 늘린 끝에 지식이나 노하우가 아무리 풍부하더라도, 아웃풋을 가볍게 여기는 사람은 결국 제 속도를 잃고 성장도 멈추어버린다. 행동하지 않으면 그 인풋이 옳은지, 자신에게 적합한지 검증할 수도 없다. 이는 인풋만 함으로써 변화의 흐름에 스스로 댐을 만들어 가로막는 것에 불과하다. 이러한 '인풋 지옥'에 빠져 자신이 행동했다고 착각하는 사람이 수없이 많다. 그런데 분명히 말하건대, 이것은 시간 낭비다.

세상에는 이미 '행동력을 키우고 싶다', '꾸준히 지속하지 못하는 나를 바꾸고 싶다'고 생각하는 사람들을 위한 책이 많이 출간되었다. 곧장 의욕이 생기는 방법이나 습관화를 위한 방법 등이 망라된 책 말이다. 하지만 그것만으로는 안 된다. 결정적인 무언가가 부족하다.

솔직히 말하자면, 지금까지 행동하지 못한 사람이 일상을 바꾸거나 무기력한 청년이 의욕을 불사르기 위해서는 현재의 자신을 뒤집어 엎을 더욱 근본적인 에너지가 필요하다.

내 경우에는 한 권의 책이 그런 계기가 되었다. 남에게 피해만 주던 20대 시절,《카리스마 체육 교사의 항상 이기는 교육カリスマ体育教師の常勝教育》이라는 책과의 만남이 내 인생을 바꾸었다.

하라다 다카시原田隆史라는 선생님은 오사카의 별 볼 일 없는 중학교에 부임했다. 그는 태어난 가정환경과 관계없이 행동과 습관의 힘으로 거칠고 무절제하게 생활하는 학생들을 바른길로 이끌 수 있다고 말했다. 이 신조대로 육상부를 지도하여 전국체육대회에 7년 연속으로 출전하고, 7년 동안 개인종목에서 13번의 1등이라는 최고의 성적을 내는 위업을 달성했다. 그야말로 스포츠를 통해 아이들의 성장을 이끌어낸 것이다. 하라다 선생님은 젊은이들의 인생 자체를 완전히 뒤바꿔 놓았다.

최근에 태어난 환경을 두고 '금수저'니 '흙수저'니 하는 말이 유행하고 있다. 사람이라면 누구나 마찬가지겠지만, 스스로 가정환경을 골라서 태어날 수 없으니 인생에 있어서 운이라는 요소도 매우 크게 작용하는 것은 맞다. 하지만 그것만으로 인생이 100% 결정된다고는 절대 생각하지 않는다. 앞에서도 말했지만, 가능성은 무한하다. 이는 아이든 어른이든 상관없이 통용된다.

하라다 선생님도 "진심으로 교육하면 어떤 아이든 반드시 달라진다"라고 말했다. 다만 그러기 위해서는 행동해야 한다. 그러지 않으면 아무것도 시작되지 않는다. 행동력은 그 자체로 무기가 되지만, 그게 목적은 아니다. 행동을 통해 얻고 싶은 것을 발견하는 일이야말로 연간 10억 원을 벌기 위한 지름길, 부자의 길로 들어서는 가장 빠른 경로다.

가장 빠르게 10억 원을 가지는 방법

어떻게 하면 백만장자가 될 수 있을까? 이 책은 연간 수입 10억 원을 손에 넣은, 성공한 사람들의 공통된 원리원칙을 통해 행동 패턴과 사고법을 체계화했다. 나는 이를 위해 100권 이상의 관련 서적을 연구했으며, 연 수입 10억 원 이상을 달성한 1,000명의 사람을 만나 그들만의 규칙을 찾아냈다. 또한 20만 명이 넘는 유튜브 채널 구독자를 대상으로 설문하여 '성공하지 못하는 이유'를 찾고, 근본적인 해결책을 고민했다.

지금까지 나는 독서법을 비롯한 인풋과 공부법에 관한 책을 많이 집필해 왔다. 또 유튜브에서는 주로 투자와 관련한 이야기들을 했는데, 이 책에서는 직접적인 투자법은 다루지 않는다. 하지만 여기서 소개하는 방법은 일과 공부, 투자의 기본이 되는 사고와 행동에 관한 것이며, 모든 사람에게 적용할 수 있고, 재현 가능하다.

이 책을 읽으면 운까지 끌어당겨 성공을 위한 모든 것이 손에 들어온다. 결과적으로 당신도 가장 빠르게 연 수입 10억 원을 버는 출발점에 서게 될 것이라고 확신한다. 무한했던 당신의 가능성이 순식간에 펼쳐지면서 분명 크게 비약하게 될 것이다.

'무한한 가능성'이라는 이름의 문을 여는 것은 당신 자신이다. 지금부터 그 첫걸음을 내딛어보자.

목
차

성공한 인물을
따라 하라!

빠르게 첫 움직임을 시작하고
계속하게 만드는 4가지 속전속결 방법

2장

부자는 시간의
사랑을 받는다!

자유시간을 최대화하는 5가지 메커니즘

3장

백만장자는
언제나 기분이 좋다!

성공하는 사람의 5가지 말버릇

4장

부자는 몇 번을 쓰러져도
다시 일어선다!

최강 멘탈을 위한 한계돌파법

5장

연 수입 2억 원의
벽을 넘어서라!

어떤 목표도 확실히 달성할 수 있는 3가지 방법

6장

부자는 어째서
일이 빠를까?

곧장 행동하는 사람이 되는 7가지 습관

부자는 효율적으로
돈을 버는 프로!

최소의 노력으로 돈이 불어나는 복리의 법칙

8장

비법 전수
'이것'만 인풋하라!
상위 1%의 부자들이 실천하는 신의 법칙 20

연 수입 10억 원을 버는 사람의 공식

1,000명의 성공한 이들을 분석한 결과 알게 된
'부자가 되는 가장 빠른 길'

"성공에는 황금률이 있다!"

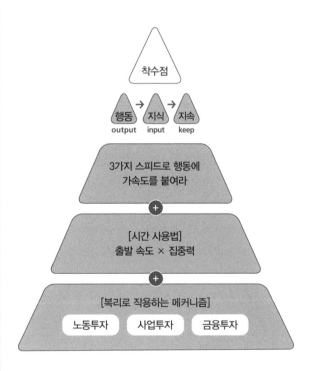

착수점

행동 → 지식 → 지속
output   input   keep

3가지 스피드로 행동에
가속도를 붙여라

+

[시간 사용법]
출발 속도 × 집중력

+

[복리로 작용하는 메커니즘]

노동투자   사업투자   금융투자

빠르게 첫 움직임을 시작하고
계속하게 만드는
4가지 속전속결 방법

1장
성공한 인물을
따라 하라!

작은 행동

•

첫걸음을 내딛지 않으면
아무것도 시작되지 않는다

가장 먼저 강조하고 싶은 게 있다. 커다란 행동 이전에 '작은 행동'을 소중히 여겨라. 작은 행동을 꾸준히 지속하면 경험과 습관이 쌓여 성공에 가까워질 수 있다.

목표를 달성하기 위해서는 먼저 확실한 '첫걸음'을 내디뎌야만 한다. 인풋을 통해 아무리 많은 지식을 쌓더라도 아웃풋의 양을 늘리지 않으면 인생은 변하지 않기 때문이다. 이를 위해 당신은 목표를 세분화하고 오늘내일 확실하게 할 수 있는 행동의 단위까지 구체화해야 한다. 그리고 설정한 행동이 습관으로 정착될 때까지 무조건 반복해야 한다. 이때의 첫걸음은 어떠한 것이라도 괜찮다. 예를 들면 이런 것이다.

아침에 출근하면 곧장 업무에 돌입하기.
매일 한 줄이라도 좋으니 일일 보고 작성하기.
목표를 적은 수첩을 반복해서 읽기.

이렇게 무엇이든 괜찮다. 매일 꾸준히 하면 성과보다도 먼저 자신감이 생긴다. 그러면 바른 자세가 형성되고 자신의 실력을 충분히 발휘할 수 있게 된다. 우리는 백만장자가 되기 위해서는 크게 성공해야 한다고 생각한다. 하지만 복권에 당첨되거나 사기라도 쳐서 큰돈을 벌지 않는 이상, 단 며칠 만에 부자가 되기란 어려운 일이다.

진정한 성공은 '첫걸음'을 내딛는 일에서부터 시작된다.

할 수 없는 일이 아닌,
할 수 있는 일을 지속하라

성공하는 힘을 강화하기 위해서는 해낼 수 없는 어려움을 돌파하는 것보다, 지금 할 수 있는 것을 지속해서 해내며 강해지는 훈련을 해야 한다.

1976년 몬트리올 올림픽 사격 금메달리스트인 래니 로버트 바셈Ranny Robert Bassham은 "자신감은 시합 전에 모두 결정된다"라는 명언을 남겼다. 자신감은 시합에서 이김으로써 생기는 것이 아니라, 시합에 이르기까지의 모든 과정이 곧 자신감으로 이어진다는 의미다.

당신은 매일 꾸준히 지속하는 일이 있는가? 무엇이라도 좋다. 할 수 있는 것부터 시작하자. 아무 생각도 떠오르지 않는다면 우선 '긍정적인 말'부터 시작해도 된다. 내가 아는 한 연간 10억 원 이상의 돈을 버는 사람 중에 부정적인 말을 사용하는 사람은 없으니 말이다.

◆ 연 수입 10억 원으로 가는 단계 1
긍정적인 말을 사용하기

생각하지 말고
움직이기

●

세미나에 갈 시간이 있다면
움직여라

'자기계발 서적을 읽거나 동기부여 세미나에 가봐도 다음 날이면 금세 의욕이 사라진다. 어떻게 하면 좋을까?'

이 책을 집은 독자 중 이런 고민을 하는 사람이 적지 않음을 안다. 나도 그 마음을 충분히 이해한다. 이쪽 분야의 서적을 많이 집필해 온 내가 이렇게 말하기는 무엇하지만, 책이나 세미나를 통해 의욕이 끓어올라 부자가 될 수 있다면 이 세상에 부자가 되지 못할 사람이 있겠는가? 물론 책과 세미나는 나름대로 훌륭한 내용을 전달하지만, 현실적이지 않은 경우가 많다.

지식이 있어도 그걸 활용하지 않으면 무의미하다. 더 나은 삶을 위해서 지식은 꼭 필요하지만, 그저 가지고 있는 것만으로는 인생에 혁명이 일어나지 않는다. 그렇다면 성공하는 비결은 무엇일까? 올바른 자세로 꾸준히 지속하는 '행동'이 정답이라고 생각한다. 그 사람의 행동을 바꾸면 의욕은 저절로 생겨난다.

백만장자가 된 사람들의 특징 중 하나로 빠지지 않는 것이 있다. 바로 '행동에 착수하는 빠른 속도'이다. 그들은 일단 움직인다.

유튜브에서 효과적인 스피치에 대한 영상을 봤다면, 그 날 당장 프레젠테이션에서 시도해 본다.

인플루언서가 권한 책을 퇴근길에 읽는다.

아침에 일어나서 곧장 독서를 한다.

무엇이라도 좋으니 우선은 아무 생각도 하지 않고 해본다. 해본 후에 생각하는 것이다.

그런 마음을 가지고 생활하면 첫 움직임이 빨라진다. 행동하지 않으면 성공도 실패도 없다. 득과 실을 따지지 말고 일단은 머릿속에 떠오른 일을 시도해 보자. 실패해도 괜찮다. 실패는 성공을 위한 밑거름이다. 목표가 정해졌다면 가급적 지금, 이 순간부터 행동해 보기를 권한다.

◆ **연수입 10억 원으로 가는 단계 2**
이 책을 덮고 머릿속에 떠오른 일을 실행하기

착수점 스피드
사이클 메소드

●

질보다 양을 우선하여
성장을 가속화하기

일에서는 '질'이 가장 중요하다는 말을 자주 듣는다. 하지만 '양'과 '속도'도 이에 못지않게 중요히 여겨야 한다.

'질'만 추구하면 매사에 너무 잘하려고 하는 신중 제일주의로 빠지게 된다. 이는 행동이 느려지는 결과를 초래하기 쉽다. 만반의 준비를 하지 않으면 아무 행동도 하지 못하는 사람. 그렇게 되면 몸이 무거워져 '첫걸음'을 내딛지 못한다. 먼저 행동해야 경쟁자보다 빨리 성과를 얻는 법이다.

여기서 말하는 성과에는 성공뿐만 아니라 실패도 포함되어 있다. 착수한 일에 실패한다면, 그것을 돌이켜보고 개선하여 다음에는 어떻게 행동할지 생각하면 된다. 그렇게 생각하면 실패도 성공을 위한 길잡이가 되는 중요한 성과 중 하나임을 알 수 있다.

목표한 바를 이루지 못하고 실패하더라도, 치명상만 입지 않는다면 얼마든지 다시 일어날 수 있다. 반대로 '절대 실패하면 안 된다', '처음부터 기대 이상의 성과를 내야 한다'라고 생각하면 당신의 뇌는 압박감에 지고 만다. 두려움에 결국 소극적인 판단을 내리게 될 것이다.

이와 관련해 뇌과학을 이용한 흥미로운 실험을 하나 소개하고자 한다. 스탠퍼드 대학교의 캐롤 드웩Carol Dweck 교수 연구팀이 한 그룹의 아이들에게는 "무척 잘한다", "천재구나" 하고 칭찬을 하고, 다른 그룹의 아이들에게는 "더 잘할 수 있을 것 같은데?", "더 높은 목표를 향해 나아가자" 하고 기대감을 주었다.

그러자 잘한다는 칭찬만 받은 그룹은 서서히 실패를 두려워하고 안전한 선택지만 고르려는 모습을 보였다. 반대로 결과가 아닌 노력하는 과정을 칭찬받고, 성장에 대한 기대를 느낀 그룹은 스스로 어려운 문제를 골라 과감히 도전했다고 한다.

이 실험에서도 알 수 있듯이 성공만을 쫓고 실패를 두려워하면 아웃풋 역시 신중해지지 않을 수 없고, 결국 행동 자체가 위축되고야 만다.

계획을 건너뛰고 행동했더니
인기 유튜버가 되었다

성공도 실패도 아웃풋을 통해서만 얻을 수 있다. 뇌과학적으로 보아도 성공할 확률을 높이려면 우선은 '양'을 추구하고 목표지점에 다가가기 위한 데이터를 수집하는 것이 효율적이다.

구체적으로는 '① 경쟁상대 조사 → ② 최초의 착수점 결정 → ③ 모방 행동 → ④ 검증을 위한 행동 → ⑤ 다음 착수점 결정 → ⑥ 자신만의 오리지널 행동'이라는 사이클을 계속하면 된다. 나는 이것을 '착수점 스피드 사이클 메소드'라고 명명했다.

내 경험을 들어 말하자면, 나는 비즈니스 분야 유튜버로서는 상당히 후발주자에 속한다. TV 프로그램에 출연할 만한 인기인도 아니고, SNS의 인플루언서도 아니었다. 그런

착수점 스피드 사이클 메소드

· 햄버거 가게 창업 사례

1 경쟁상대 조사: 다른 가게의 가격, 메뉴를 분석

↓

"다른 가게는 가격이 싸네"

2 최초의 착수점 결정: 다른 가게를 따라 하며 저가격대 메뉴를 제공

↓

3 모방 행동: 다른 가게의 방식을 모방

↓

4 검증을 위한 행동: 매출 데이터를 검증 및 비교

↓

"차별화 전략은 프리미엄화!"

5 다음 착수점 결정: 고가격대 노선으로 전환

↓

6 자신만의 오리지널 행동 : 고급 버거를 제공

다시 되돌아간다

☑ CHECK 계획은 세우지 않는다!

'동영상 초짜'가 어떻게 채널·구독자 수 20만 명이 넘는 유튜버가 되었을까? 그것은 바로 '양'을 추구했기 때문이다.

채널을 개설할 때 비슷한 장르로 성공한 선구자들의 영상을 빠짐없이 연구하고(①), 비슷한 영상을 올리는 것부터 시작했다(②). 처음에는 테스트 기간이라 여기긴 했지만, 지금 생각하면 영상의 수준이 심하다 싶을 만큼 좋지 못했다. 하지만 채널 구독자가 수십 명밖에 되지 않던 상황이라 큰 걱정 없이 테스트를 계속할 수 있었다.

영상을 만든 후에는 시청자의 반응을 살피면서 다시 구독자 수가 많은 채널을 보고 부족한 부분을 보완했다(③). 구체적으로 말하면 다루는 주제, 말하기 속도, 영상의 길이, 자료의 가독성, 섬네일 디자인, 정보가 주는 임팩트 등을 비교했다(④). 또한 채널 운영자에게만 제공되는 데이터를 바탕으로 시청자가 지루해하며 이탈하는 포인트를 검증하여 다음번 영상을 제작할 때 반영했다.

크게 노선을 바꾼 것은 30편 정도의 영상을 올린 후였다.(⑤) 나는 영상에서 다루는 주제를 완전히 바꾸었다. 처음에는 시간 관리법이나 메모 기술 등 비즈니스 관련 화제를 다루다가 '돈'으로 중심 주제를 전환한 것이다(⑥).

이유는 과거 데이터의 검증 때문이었다. 30편의 영상을 올리고 보니 가장 인기 있는 주제는 '10억 원을 버는 비법'이나 '돈을 불리는 방법'이었다. 또 당시 비즈니스 분야 채널은 나카타 아쓰히코中田敦彦나 호리에 타카후미와 같은 강력한 라이벌이 엎치락뒤치락하는 상태였다. 반면에 돈에 관한 채널은 아직 경쟁이 심하지 않아서 해볼 만하다고 판단한 것이다.

그때부터 다시 이전과 마찬가지로 유사한 분야의 성공한 사람들을 연구하고(①), 이번에는 돈에 관한 영상을 집중적으로 업로드하기 시작했다(②). 이때 과거에 올렸던 30편의 동영상은 시청자들이 혼란을 느끼지 않도록 일단 삭제했다. '경험치를 얻기 위해', '검증을 위한 행동'이라 여겼기에 후회는 없다.

압도적인 차이를 만드는 무기

궤도 수정을 거듭한 결과, 애초의 목표에서는 크게 벗어났지만, 고작 1년도 채 되지 않아 구독자 수 10만 명을 확보할 수 있었다.

참고로 20만 명을 넘은 지금도 ① 라이벌 조사 → ② 최초 착수점 결정 → ③ 모방 행동 → ④ 검증을 위한 행동 → ⑤ 다음 착수점 결정 → ⑥ 자신만의 오리지널 행동의 사이클을 반복하고 있다.

이 '착수점 스피드 사이클 메소드'의 가장 큰 장점은 계획을 생략함으로써 행동에 더욱 초점을 맞출 수 있다는 것이다. 철저하게 행동의 양을 추구하여 주위와 압도적인 차이를 만들어낼 수 있다.

착수점 스피드 사이클 메소드는 경영과 비즈니스, 취미, 스포츠 등 다양한 영역에서 응용할 수 있다. 이는 저자인 내 경험뿐만 아니라 내가 그동안 만나온 상장기업의 CEO들, 일류 자산가 등 더 많은 성공을 거둔 사람들의 데이터 연구를 통해서도 밝혀졌다. 누구보다 빨리 성공하려면 이 착수점 스피드 사이클 메소드가 반드시 필요하다. 부디 꼭 실천하여 당신의 무기로 삼길 바란다.

💎 연수입 10억 원으로 가는 단계 3
처음부터 치밀한 계획은 세우지 않기

90%의 아웃풋

●

착수까지의 속도를
최대한 빠르게

양에 이어 내가 또 한 가지 큰 포인트로 생각하는 것이 있는데, 바로 '스피드'다.

'스피드만 우선하다 보면 일이 깔끔하게 정리되기 어려우며 판단을 잘못하는 일도 발생한다'라고 생각하는 사람이 꽤 많으며, 일리가 있는 말이라고도 생각한다. 하지만 완벽만을 추구하다가 일의 속도가 늦어지면 주위로부터 좋은 평가를 받기 어렵다. 연 수입 10억 원을 버는 사람은 일에 있어 철저히 스피드를 중시한다.

여기에서 스피드는 단지 일이 빠른 것만을 의미하지는 않는다. 인풋에서 아웃풋을 만들어내는 속도도 포함한다. 일반적으로 사람은 인풋의 비중이 커지기가 쉽다. 인풋:아웃풋의 비율은 보통의 경우 9:1, 아웃풋이 많은 사람이라도 7:3 정도가 아닐까 싶다. 그런데 이 정도로는 아웃풋의 양이 절대적으로 부족하다. 그러니 인풋 1, 아웃풋 9가 되도록 만들겠다는 자세로 임해야 한다.

'90%의 아웃풋'이라니, 다소 극단적인 비율로 여겨질지 모르지만, 착수점 스피드 사이클 메소드를 활용하면 가능하다. 하나의 지식을 얻었다면 그것을 활용해서 되도록 많은 착수점을 찾고 행동에 활용하면 된다.

어쨌든 지식을 내놓기를 아끼지 말고 곧장 아웃풋화하라. 이렇게만 해도 연 수입 10억 원, 백만장자에 다가서는 큰 한 걸음을 내디딘 셈이다.

💎 **연 수입 10억 원으로 가는 단계 4**
지금 가진 지식으로 할 수 있는 것 10가지를 찾아 실행에 옮기기

자유시간을 최대화하는
5가지 메커니즘

2장

부자는 시간의
사랑을 받는다!

1초 룰

●

뇌과학으로 증명한
곧장 행동하게 만드는 스위치

　자수성가한 부자들은 돈뿐만 아니라 '자유로운 시간'도 확보한다. 이것이 가능한 이유는, 인풋보다 아웃풋이 중요하다는 점을 알기 때문이다. 그리고 '아웃풋을 늘리기 위한 준비'나 인풋에는 되도록 쓸데없는 시간을 낭비하지 않는 '메커니즘'을 활용한다.

　이번 장에서는 나 역시 활용하고 있는 '시간을 효과적으로 사용하는 비결'에 대해 몇 가지 소개하고자 한다. 여기서 설명하는 비결을 자신의 것으로 만들면 행동력이 급상승하여 일도 인생도 술술 풀리게 될 것이다.

작은 목표를 정해서 단시간 집중하라

아웃풋의 양을 늘리는 데 가장 간단하면서도 효과적인 전략이 바로 '1초 룰'이다. 이것은 집중력이 이어지지 않을 때, 빠른 속도로 하나의 일에 초점을 맞추는 비법이다.

무언가를 이루어내려면 쓸데없는 일이나 잡념을 없애고 목표 달성을 위한 과업에만 집중해야 한다. 나는 그런 힘을 '포커싱 능력'이라고 부른다. 포커싱 능력을 높이기 위해서는 '작은 목표를 정해서 단시간 집중하기'를 반복하면 된다.

다만 '해야지'라고 생각하면서도 좀처럼 행동으로 옮기지 못할 때가 있다. 이때 앞으로 소개할 '1초 룰'을 꼭 시도해보기를 바란다.

참고로 이 아이디어는 오랫동안 공황장애로 고민하며 항불안제를 20년이니 복용했던 멜 로빈스Mel Robbins에게서 얻었다. 트라우마와 불안으로 힘들었던 그녀의 인생은 '5초 룰'을 통해 완전히 달라졌다. 이것을 적용한 결과, 행동량이 늘어나고 창업을 하기에 이르렀다.

이 '5초 룰'에 대해 쓴 저서는 미국에서 100만 부가 팔리는 베스트셀러가 되었고, 멜은 뉴욕에 거점을 둔 TED에서 많은 관객을 앞에 두고 강연을 선보이기도 했다(이 강연 영상은 유튜브에서 3,000만 뷰 이상을 기록했다). 방법은 매우 간단하다. 행동해야겠다고 생각했다면 곧장 "5, 4, 3, 2, 1" 하고 소리 내어 카운트다운을 한다. 그리고 0이 되기 전에 반드시 행동에 옮기는 것뿐이다.

행동함으로써 도파민이 분비되고, 카운트다운이 일종의 자기최면과 같은 암시 효과를 가져와 뇌과학적으로도 효과적이라고 할 수 있다. 말로 하는 것도 행동의 하나이므로 도파민이 분비되어 자연스레 의욕이 샘솟게 된다.

손뼉을 통해 뇌를 지배하고
서둘러 행동하게 하기

이것을 내 나름대로 응용하여 1초로 단축한 것이 이번에 소개할 '가미오카식 1초 룰'이다. 방법은 아주 간단하다. 두 손으로 짝! 하고 손뼉을 친 후 "좋아, 시작하자고!"라고 말하기만 하면 된다.

나는 이 방법으로 곧장 행동하는 스위치를 손에 넣었다. 이미 소개했듯이 사람은 우선 행동해야 의욕이 생긴다. 그래서 일단 짝! 하고 손뼉을 쳐서 뇌의 행동을 환기시키고 의식을 집중시키는 것이다. 동시에 소리 내어 말함으로써 시작의 계기를 순간적으로 만들어준다고 보면 된다.

'손뼉 치기'도 '소리 내어 말하기'도 훌륭한 행동이다. 이것이 트리거가 되어 의욕을 불러온다. 뇌내 신경전달물질인 도파민이 뇌의 행동 중추를 자극하여 모티베이션motivation, 즉 동기로 전환되기 때문이다.

작은 행동이라도 하기만 하면 뇌의 측좌핵이 자극되고 도파민이 분비된다는 사실이 최근 연구를 통해 밝혀졌다. 손뼉을 치고 소리 내어 말하는 행위가 행동의 트리거를 자유자재로 당기면서 뇌를 지배하는 상황을 만들어내는 셈이다.

수족관의 돌고래가 멋진 연기를 선보이는 이유

유튜브 촬영이나 집필, 의뢰받은 원고 수정 등 날마다 할 일에 파묻혀 지내다 보면, 아무래도 '도저히 오늘은 의욕이 안 생기네' 싶은 날이 찾아오기도 한다. 나는 그럴 때 '1초 룰'을 활용해서 트리거로 뇌를 깨운다. 그러면 내 경험상 의사와 관계없이 행동이 환기된다.

백만장자 아웃풋

여기에 또 하나의 행동을 추가해 보자. 먼저 숨을 들이마시고 손뼉을 친다. 이와 동시에 "좋아, 해보자고!" 하며 자신을 격려하는 말이나 '에너지를 충전시키는 말'을 내뱉는 것이다. 내뱉는 말은 '좋아하는 음식'이나 '연예인 이름' 같이 어떤 것이라도 괜찮다.

이 일련의 동작을 한 후에는 몇 분이라도 좋으니 반드시 행동하도록 하자. 이것을 행동의 '강화'라고 한다.

수족관의 돌고래가 사육사의 지시대로 움직일 수 있는 것은 행동한 후에 '보상'을 받기 때문이다. 먹이를 줄 때마다 버저를 눌러서 소리를 내자, 나중에는 버저 소리만 듣고도 침을 흘리던 파블로프의 개 실험을 생각해 보라. 눈앞에 있으면 좋을 법한 '보상'을 말로 하는 것이 효과적이다. 물론

순간적으로 움직일 수 있는 '가미오카식 1초 룰'

1 짝! 하고 손뼉을 친다

고기!!

2 '에너지를 충전시키는 말'을 소리 내어 말한다

3 곧장 행동을 시작한다

직장에서는 주변 동료에게 방해가 될 수도 있으니 작은 소리로 말하는 등 해결 방안을 생각해 보자.

이것은 어디까지나 뇌의 트리거를 발동하기 위한 의식이다. 목소리의 크기는 상관없다. 내 지인 중에 프로당구 기사가 있는데, 그는 가장 중요한 승부처에서 자신의 귓전에 살짝 손가락 꺾는 소리를 내곤 한다. 이런 간단한 행동이라도 뇌에 각인되고 강화되면 착수점까지의 시작 속도는 단언컨대 확연히 빨라진다.

◆ 연수입 10억 원으로 가는 단계 5
집중하고 싶을 때는 손뼉을 치고 '힘이 나는 말'을 소리 내어 하기

백만장자 아웃풋

단기 100% 집중

•

돈을 만들어내는
틈새 시간 활용 기술 베스트 3

나는 '일본의 일론 머스크'라는 별명이 붙은 라이브도어의 창업자, 호리에 다카후미堀江貴文를 세미나와 회식 등을 통해 몇 번 정도 만난 적이 있다. 그때 동석했던 경영자가 시간 관리법에 대해 물었는데, 그의 대답이 인상적이었다. 다카후미는 이렇게 대답했다.

"시간은 금이라는 말이 있지요. 그런데 제 경우에는 그런 이야기를 하는 시간만큼이나 낭비되는 게 없더라고요. 시간과 돈을 동등하게 취급하는 건 어리석은 일이니까요."

호리에 다카후미는 결국 '인간에게 무엇보다 가치 있는 것은 시간'이라고 말한 셈이다. 이렇듯 반드시 성공하는 사람, 연 수입 10억 원을 버는 사람은 '틈새 시간'을 효과적으로 활용한다. 부자 혹은 성공한 사람이 택시를 타고 이동하며 메일을 체크하고 인터넷으로 뉴스를 확인하는 것은 '시간의 유한성'을 잘 알기 때문이다.

한 조사에 따르면, 일반적인 회사원의 틈새 시간은 하루 1시간이라고 한다. 이 또한 온전한 1시간이 아니라 10분, 5분 등의 자투리 시간이 합해져 만들어진 경우가 대부분이다. 따라서 무언가에 몰두하여 작업을 완료할 만한 시간 계획을 짜기가 여간 어려운 게 아니다. 그런 시간이 생기면 무엇을 할지 몰라 대개 멍하니 보내기가 쉽다. 아마 이 책을 읽는 독자 대부분이 그럴 것이다.

그런데 매일 1시간 이상의 시간을 낭비한다면 어떨까? 단기간이 아닌 긴 시간을 누적해서 보았을 때 큰 손실이 아닐 수 없다.

그렇다면 어떻게 해야 틈새 시간을 효과적으로 활용할 수 있을까?

백만장자 아웃풋

2시간만 집중하기

우선 애당초 '틈새 시간을 만들지 않아야' 한다. 말도 안 되는 소리 하지 말라는 독자들의 원성이 들리는 듯하지만, 일단 끝까지 읽어주길 바란다.

나는 아침 5시부터 7시까지의 '초집중 시간'과 오전, 오후, 저녁까지 작업 시간을 4개의 구역으로 나누었다. 각각 2시간씩 집중하여 빠른 속도로 일한다. 즉 하루에 4번, 에너지를 쏟는 시간을 정해둔 것이다.

2시간씩 집중해서 작업하는 중에는 꼭 필요한 일이 아니라면 움직이지 않는다. 커피를 타러 가거나 부하직원과 세상 사는 이야기를 나누거나 하지 않고, 산책 다녀오며 편의점에 들러 휴식하지도 않는다. 이동도 될 수 있으면 자제한다. 즉 처음부터 불필요한 틈새 시간을 만들지 않고자 궁리한다.

자투리 시간이 한 달, 일 년이 지나며 쌓이면 그 차이는 돌이킬 수 없을 만큼 커진다.

손정의나 빌 게이츠 등 비즈니스에서 큰 성공을 거둔 최

나의 어느 하루 시간표

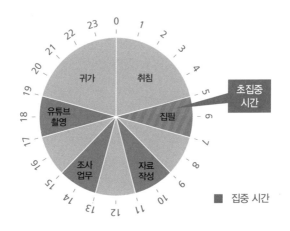

초집중
시간

■ 집중 시간

☑ CHECK 비는 시간에는 비즈니스 상담 또는 미팅

고의 경영자들은 틀림없이 시간 활용의 달인들이다. 그들은 입을 모아 시간은 유한하며, 어떻게 사용하느냐에 따라 크나 큰 차이를 가져온다고 말한다. 그리고 자신들의 말대로 실천 하고 있다.

나 역시 동의한다. 성공을 위해서는 얼마나 집중해서 효 과적으로 시간을 활용하느냐가 중요하다. 그러려면 우선은 낭비되는 시간을 만들지 않기 위해 노력해야 한다.

택시 이동 중의 15분을 어떻게 활용할 것인가

다만 통근 시간이 길거나 외근이 잦은 영업직 근무자의 경우 아무래도 틈새 시간이 생길 수밖에 없다. 나 역시 예외는 아니다. 그렇다면 다음 약속까지 비는 시간은 어떻게 활용하면 될까?

내가 실천하고 있는 것이 바로 '해야 할 작업을 미리 정해 두기'이다.

나는 시내 이동은 거의 100% 택시를 이용한다. 쓸데없이 돈 낭비를 한다고는 생각하지 않는다. 이동하는 동안 차에서 메일을 처리하는 등의 일을 하며 사무실에서 더욱 집중하기 위한 준비를 할 수 있기 때문이다. 밖은 잡무를 하는 곳, 사무실은 돈을 버는 장소라고 정해둔 셈이다.

전철을 이용하면 개찰구까지 이동하는 시간까지 포함해 30분이 걸릴 거리를, 택시로 이동하면 15분 정도로 단축할 수 있다. 이때 15분이라는 비는 시간을 사용해 메일을 확인하고 답장도 한다.

우리 회사는 사원의 업무 보고가 메일로 온다. 그래서 나는 날마다 모든 보고를 확인하고 반드시 답장을 보낸다. 회사를 창업한 이래로 20년 동안 지속해 온 일이다. 힘들지 않으냐고 할지도 모르지만, 틈새 시간을 이용해 답장해 두면 이미 확보해 둔 집중 시간을 방해받지 않을 수 있다.

부하직원에게 할 질문 등도 이 시간에 정리한다. 내 경우에는 부하직원과 개인적인 대화를 나눌 때면 항상 메신저인 '라인LINE'을 이용한다. 라인을 이용하면 인사 등의 불필요한 말을 생략할 수 있다. 이전의 대화내용도 바로 확인할 수 있고, 단 몇 줄만으로 용건을 마칠 수 있어 편리하기 때문이다.

가미오카식 시간 활용술 ③
디지털 위젯을 100% 활용하기

그리고 20분 이상의 틈새 시간이 생기면 가방의 사이드 포켓에 있는 블루투스 이어폰을 한쪽 귀에만 꽂고 비즈니스 분야의 유튜브 채널을 듣는다. 20분이면 대략 동영상 두세 개 정도는 볼 수 있다. 이때 1.5배속으로 들으면 책 한 권 분량의 정보를 확실하게 인풋할 수 있다.

이동 중에는 메모를 하기가 번거롭다. 그래서 마음에 드는 문장이나 나중에 활용하고 싶은 이야기는 애플워치의 음성인식 메모를 사용해 바로 비망록을 남긴다. 최근 음성인식 기술은 정말 우수하다. 택시로 이동할 때나 전철 안에서도 거의 완벽하게 문자로 재생해 주기에 큰 도움이 된다.

틈새 시간의 좋은 점은 처음부터 마감이 있다는 사실이다. 미팅이나 회식 등 다른 일정이 기다리고 있으니 시간 내에 마무리하려는 의식이 발동한다. 이렇게 작은 틈새 시간이 큰 차이를 만든다.

'5분밖에 안 되는 시간 동안 뭘 하겠어?'가 아니라 '5분 동안에 뭘 할 수 있을까?'를 전력을 다해 생각하고 최대한 효과적으로 활용하자. 그것만으로도 당신의 시간은 늘어날 것이다.

◈ 연수입 10억 원으로 가는 단계 6
5분, 15분, 1시간 동안에 할 수 있는 일들을 각각 생각해 두기

이른 아침의
스키밍

●

자수성가한 백만장자의
아침 시간 활용법

아침 시간은 정말 귀하다. 체감적으로 생산력이나 집중력이 낮의 2배, 저녁이나 밤의 10배는 된다.

뇌가 가장 활성화된 시간을 효과적으로 활용하고자, 나는 기상하면 우선 책이나 논문 원고 집필 등의 아웃풋을 낸다. 그리고 시간이 남으면 서적이나 인터넷 미디어로 다음 아웃풋을 위해 필요한 정보를 인풋한다.

이때 내가 정보 수집에 이용하는 것이 '스키밍Skimming'이라는 기술이다. 스키밍이란 지금 필요한 정보만을 집중적으로 인풋하는 기법이다. 책이나 뉴스 기사를 처음부터 끝까지 읽어도 실제로는 뇌의 용량을 초과한 부분은 모두 잊힌다.

에빙하우스의 망각곡선Ebbinghaus forgetting curve에 대해서는
한 번쯤 들어보았을 것이다.

에빙하우스의 망각곡선

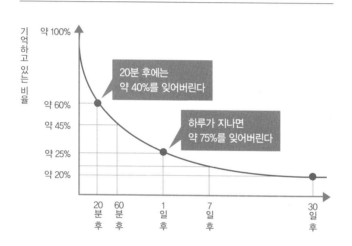

이 그래프를 보고 알 수 있듯 사람은 기억한 내용을 20분
후에는 40%, 다음 날에는 75%를 잊어버린다. 다만 실제로
우리가 일상적으로 접하는 정보 중에는 흘려버리는 것과 저
장하는 것이 있다.

에빙하우스의 망각곡선은 '저장 정보'에 대한 실험이다. 이 결과는 기억하려고 애쓴 피험자들의 결과인 것이다. 우리의 학창시절, 입시를 위해 공부한 수학 공식이나 중요한 영어단어 등을 생각하면 이해하기 쉽다.

한편 우리가 평소 서적이나 뉴스를 통해 접하는 정보는 아주 가벼운, 말하자면 눈으로 가볍게 스쳐 지나가는 수준이라고 보면 된다. '기억에 저장하기' 위해 노력하기보다는 대개 흘러가는 작업 속에서 차례차례 정보를 접한 경우가 많지 않은가? 이런 정보를 나는 '과정 정보'라고 한다.

과정 정보는 저장 정보와는 달리 뇌가 1차 기억으로 저장해두지 않고 잊어버린다. 사람의 뇌는 우리가 생각하는 것보다 더 효율적이다. 뇌가 하루에 사용하는 열량은 다른 모든 장기를 합친 것보다도 많다.

거꾸로 말하면 지금 당장 사용할 필요가 없고 중요하지 않은 기억에 에너지를 쓸 만큼 뇌의 용량이 여유롭지 않다는 것이다. 그렇다면 처음부터 잊어버리는 과정 정보에 시간을 들여봐야 효과는 한정적이라고 할 수 있다.

그래서 나는 애초에 지금 당장 업무에 활용할 수 있는 정보만을 우선하여 인풋하고, 나머지는 과감하게 버린다. 어차피 잊어버릴 것이니 인풋을 늘리려고 애써 노력한들 시간 낭비일 뿐이다. 오히려 행동할수록 뇌에 정착되는 인풋은 늘어난다.

이때 도움이 되는 것이 바로 '스키밍' 기술이다. 오늘 사용할 정보, 지금 할 비즈니스에 도움이 되는 내용만을 별표를 달아 인풋하면 된다.

버리는 정보에 신경 쓰지 마라

스키밍은 다음의 4가지로 진행된다.

1. 필요한 정보만 인풋한다.
2. 다른 정보는 버린다.
3. 평소에 문제의식을 느낀다.
4. 문제의식을 바탕으로 별표를 달아 정보를 수집한다.

거듭 말하지만, 뇌는 필요한 정보만을 우선해서 뇌에 저장하도록 만들어져 있다. 당장 사용할 정보라면 더욱 그렇다. 그러니 평소에 안테나를 잘 세우고 있다가 쓸 만한 정보에만 별표를 달아 주울 수 있어야 한다.

　이것을 뇌과학에서는 컬러배스 효과color bath effect라고 한다. 예컨대 '빨간 것을 찾아주세요'라는 질문을 던지면 다음 순간, 뇌가 제멋대로 우체통, 빨간 버스, 사과 등 영상 속에서 빨간색만을 찾아내는 기능이다.

　이를 응용하면 누구든지 쉽게 스키밍이 가능하다. 의식하지 않아도 평소에 문제의식을 느끼면 앞으로 한 달 동안에 필요하게 될 정보에 자연스레 눈이 간다. 문제의식을 기반으로 신문 기사와 인터넷 기사를 엄선하여 읽으면, 인풋해도 잊어버리는 과정 정보를 모으는 데 시간을 낭비하지 않고, 즉시 행동에 활용할 확률도 높아진다.

　스키밍을 잘하는 노하우는 무척 간단하다. 읽지 않은 기사, 흘려보내는 정보가 있어도 죄책감을 느끼지 않는 것이다. '뇌의 용량을 잡아먹는 정보'라고 생각하고 가차없이 버리도록 하자.

　연 수입 10억 원을 달성한 사람은 불필요한 행동을 하지 않는다. 인풋 역시 마찬가지다. 쓸데없는 인풋을 가급적 줄이고 남는 시간을 모두 아웃풋으로 돌리면, 지금의 사이클을 바꾸지 않고도 효과적으로 행동량을 늘릴 수 있고, 생산성이 확연히 향상된다.

💎 **연 수입 10억 원으로 가는 단계 7**

인풋 시간을 절반으로 줄이기

행동 즉시 개선

•

천천히 개선하면
경쟁에서 살아남지 못한다

시간을 창출하는 또 하나의 기술, 나는 시도와 실패의 스피드를 중요하게 생각한다. 크게 나누면 일의 스피드에는 세 종류가 있다.

첫 번째는 '일에 착수하는 스피드'.

두 번째는 이미 소개한 '일 자체의 스피드'이다.

생산성은 두 번째에 해당한다. 이 부분에 대해서는 1장에서 소개한 '착수점 스피드 사이클 메소드'나 '90%의 아웃풋'을 참고하기 바란다.

마지막으로 한 가지 더 중요한 것이 '행동한 후의 시도와 실패 개선의 스피드'다. 개선이 없는 행동은 무의미하다는 게 내 철칙이기 때문이다. 나뿐만 아니라, 상장기업의 CEO 등 성공한 사람에게는 반드시 보이는 공통된 경향이다.

일을 잘하는 사람은 곧장 행동할 뿐만 아니라, 행동한 순간부터 개선 방법을 생각하기 시작한다.

행동과 개선을 동시에 한다는 말이 잘 이해되지 않는 사람도 있을 것이다. 하지만 연 수입 10억 원 이상을 버는 사람은 실제로 행동한 후에 천천히 개선하는 프로세스를 밟지 않는다.

두꺼운 수첩을 들고 다니는 이유

예전에 일본 내에서만 100개가 넘는 클리닉을 경영하면서 십수 년간 연 매출을 1,000억 원 규모까지 성장시킨 한 뷰티 사업의 대표와 함께 일할 기회가 있었다.

그는 늘 검은 가죽으로 된 두꺼운 수첩을 들고 다니는 것으로 유명했다. 그 수첩은 사업이나 인사상의 개선할 점을 기록하는 용도였다.

내게도 수첩을 살짝 보여준 적이 있는데, 책과 세미나에서 인사이트를 얻은 뒤 당장 '앞으로 어떻게 개선할 것인지' 생각한 결과물이 적혀 있었다. 그리고 그렇게 하기 위한 행동 계획이 빼곡했다. 행동하고 깨달은 바가 있으면 그 자리에서 개선할 점을 기입한 후, 곧장 부하직원과 임원에게 전달하는 식이었다.

이토록 스피드 넘치게 일한 그였기에 고작 20년 만에 전국에 100개가 넘는 매장을 가질 수 있었구나, 하고 감탄했던 기억이 난다.

일본 최대 인터넷 쇼핑몰인 라쿠텐 몰의 창업자 미키타니 히로시三木谷浩史 사장의 좌우명은 '개선, 개선, 개선', '스피드, 스피드, 스피드'이다.

굉장하지 않은가? 개선을 3번 나열하고, 또 스피드를 3번이나 나열하다니. 그만큼 개선의 속도를 중요하게 여겼음이리라.

미키타니 사장이 주최한 경영인 교류회에서 그를 만났을 때, "뛰어가면서 개선하는 정도가 딱 알맞다"라고 했던 그의 말이 아주 인상적이었다. 내 지인 중에도 연간 10억 원이 넘는 수입을 올리는 이들은 하나같이 행동과 개선의 속도가 빠르다. 성공 비결이 '행동과 동시에 개선'하는 데 있는 것이 틀림없는 듯하다.

마감에 기대지 마라

그렇다면 어째서 일류 경영자들은 '행동과 동시에 개선'이 가능한 것일까?

바로 그들 모두 '타인의 잣대가 아닌 자신만의 잣대로 일을 해야 잘 된다'라는 것을 알고 있기 때문이다. 대표적인 타인의 잣대가 바로 '마감'이다.

마감이 가까워질수록 집중력이 발휘되면서 상당한 기세로 일을 추진한 경험이 있을 것이다. 그런데 쫓기면서 하는 일일수록 정신적으로도 힘들고, 실수도 잦아진다. 타인의 잣대가 아니라 자신의 잣대로 일을 진행하려면 모든 면에서 빨리 움직이고, 현장에서 검증하고, 되도록 그날 안에 개선하여 이후의 행동에 여유를 만들어야 한다.

고민할 시간이 있다면 당장 행동하고 개선해 버리는 것이 유리하다.

일 처리 속도가 느린 것은 능력의 문제일지도 모른다. 다만 착수 속도와 횟수는 그 사람의 자세와 열정이 올바른 방향을 향하고 있는지에 따라 결정된다. 즉 행동하기 이전의 문제인 셈이다.

물론 착수점까지의 행동이나 스피드를 중시하면 아무래도 잘못된 판단이나 실수가 생기게 된다. 하지만 나는 그래도 된다고 생각한다. 신중히 조사하고 판단해서 실수를 완벽히 막을 수 있는 일이라면 차근차근 준비하면 될 일이다(생명이 달린 일 등 예외는 있다).

하지만 세 개의 회사를 경영하고, 또 컨설턴트로서 많은 상장기업의 프로젝트나 해외사업에 관여해 온 경험상 이렇게 말할 수 있다. 일에서 사소한 실수의 99%는 오히려 개선의 좋은 계기가 된다고 말이다.

특히 처음 시작하는 단계에서 실수하지 않는다는 것은 불가능하다. 여러분이 즐기는 애플리케이션 게임도 초기 단계에는 시스템 에러라고 불리는 버그가 무수히 존재했다. 그것을 수백 명의 사람이 동시에 플레이하고 동작을 확인하고 하나씩 검증하며 제거한 것이다. 아무리 꼼꼼히 진행한 프로젝트라도 처음부터 버그가 없이 완벽하기란 힘들다.

그렇다면 다른 사람이 100일 동안 완성한 것을, 하루 만에 완성하고 행동하면서 나머지 99일 동안 개선한다면 어떨까? 성과도 속도도 압도적일 수밖에 없을 것이다.

익숙해질 때까지는 하나하나 개선하는 데 시간이 걸릴지도 모른다. 하지만 올바른 행동을 계속하다 보면 반드시 가능해지니, 절대 포기하지 말기를 바란다.

💎 **연 수입 10억 원으로 가는 단계 8**
요청받은 마감 전에 제출하고 남은 시간에 개선하기

반성 노트

●

풀 죽어 있을 시간이 있다면
손발을 움직여라

행동과 실패, 그리고 개선의 속도가 얼마나 중요한지 앞의 글을 통해 깨달았을 것이다. 이번에는 실수를 저지르거나 혼이 나서 풀이 죽어 있을 때의 대처법에 대해 이야기해 보자.

실수하고 반성하는 것은 중요하다. 나도 실수를 범하고 적잖이 의기소침해졌던 적이 있다. 나뿐만 아니라 모두에게 이런 경험이 있을 것이다. 다만 반성하고 풀이 죽어 있다고 해서 나아지거나 해결되는 것은 아무것도 없다. 며칠 동안 한숨만 쉬고 있기보다는 지금 당장 실수의 원인을 찾고, 조금이나마 진취적으로 행동하여 개선하는 편이 기분도 한결 나아지는 법이다.

뇌과학에서는 사람의 의욕이나 모티베이션은 뇌의 전두전야에서 관장한다고 판명되었다. 그리고 이 전두전야는 행동, 즉 손발을 빠르게 움직일 때 활성화된다는 것도 연구를 통해 밝혀진 바 있다.

가만히 앉아 고민하는 것보다 일단 행동하면 의욕을 만드는 호르몬인 도파민이 활발히 분비되고, 계속해서 긍정적인 아웃풋을 낼 수 있다.

앞서 이야기한 '1초 룰'도 이러한 뇌의 메커니즘을 이용한 정신관리법이다. 의기소침해졌을 때일수록 행동을 멈추지 말아야 한다. 책상 앞에서 머리를 감싸 쥐고 있을 요량이라면 밖에 나가 달리기라도 하는 편이 아이디어를 떠올리는 데 훨씬 도움이 된다.

노트에 개선 대책을 정리하기

이를 실천하는 방법을 구체적으로 말하자면, 풀 죽어 있는 시간을 될 수 있는 한 짧게 끝내고, 그 시간을 개선에 활용하라는 것이다.

일에서 실수를 범하는 바람에 그날 하루 동안 움츠러들어 있던 경험이 있지 않은가? 그럴 것이라면 첫 30분간 맹렬히 반성하고 나머지 7시간은 당장 개선 활동에 사용하기를 권한다.

개선 대책을 생각할 때는 노트 등에 새로운 루트의 발견을 구체적으로 정리하도록 하자. 예컨대 중요한 거래처의 이름을 틀리게 적어서 자료를 건넸다면, '다음부터는 상사의 확인뿐만 아니라 동료한테도 삼중 체크를 받아야지', '전날 자료를 완성해도 다음 날 아침에 한 번 더 확인해야겠어' 하고 구체적으로 할 일을 적으면 된다.

구체적인 방안이 나왔다면 '1초 룰'에 따라 즉시 행동에 옮기자. 착수점을 찾고, 행동하고, 다시 개선하면 된다. 연 수입 10억 원, 백만장자로 향하는 프로세스는 이 과정의 반복일 뿐이다.

'다음번에는 이렇게 하면 더 잘 될지도 몰라'라는 새로운 루트를 찾아내는 작업을 해보라. 반성에서 출발하는 것이지만 의외로 재미있고, 진취적인 태도를 갖추는 데 도움이 되므로 꼭 시도해 보자.

💎 연수입 10억 원으로 가는 단계 9
고민하는 시간을 최대한 줄여라

성공하는 사람의
5가지 말버릇

3장

백만장자는
언제나 기분이 좋다!

"나는 ○○가
하고 싶어"

●

자신의 욕망에 솔직해지기

오로지 자신의 노력으로 성공한, 자수성가형 부자들이나 자기 사업으로 수백억 원 대의 매출을 올리는 사람에게 있어 '도전의 원동력'은 무엇일까?

적어도 내가 봐온 자수성가형 부자들이나 상장기업의 CEO 경영자들에게는 주위에서 뭐라건 자신이 믿는 길을 밀고 나가는 '도전심'이 있었다. 이들은 그리고 그것을 반드시 입으로 말했다.

이것이 최근 주목받고 있는 '자기효능감이 높은 사람'의 전형이라고 볼 수도 있다.

자기효능감이 높은 사람의 특징은 목표가 명확하고 자신의 욕망에 솔직하다는 점이다. 이를 높일 수 있는 방법은 우선 자신의 행동을 좋아하는 것에서 출발한다.

나는 다양한 연령의 사람들로부터 "부자가 될 자신이 없는데, 어떻게 하면 될까요?", "성공하기 위한 조건은 무엇인가요?" 등의 질문을 받는다. 그런데 상담을 요청하는 이들의 이야기를 잘 들어보면 왠지 모르게 돈을 버는 일에 찜찜함을 느끼는 것 같을 때가 많다.

이 책을 읽는 독자 중에도 '금전욕이나 자기과시는 좋지 않다'라는 말을 들으며 자란 사람이 절반은 되지 않을까? 즉 일본인의 자기긍정감이 낮은 것은 일본 교육 시스템의 폐해라고 생각한다.

슬프게도 일본에서는 '돈을 많이 벌고 싶다', '회사를 키우고 싶다', '값비싼 것을 먹고 싶다', '고급 차를 타고 싶다'라는 말을 입에 담는 것 자체가 '나쁜' 일인 것처럼 여겨져 왔다. 심지어 최근에는 미니멀리즘, 미니멀리스트라고 하는 금욕적인 생활이 이상적으로 그려지고 있다.

그런데 성공하는 사람들로 하여금 끊임없이 도전하게 만

드는 원동력은 순수한 '욕망'인 경우가 대부분이다.

솔직하게 말하자면, 나의 원동력도 순수하게 '욕망'이다. 나는 감정에 솔직한 인간이고, 이는 욕망에 대해서도 예외는 아니다.

사업에서 성공하여 많은 사람에게 좋은 영향을 주고 싶다. 성공 체험을 글로 써서 사회에 이바지하고 싶다. 이런 사회적 욕망이나 정신적인 욕망도 당연히 존재한다.

남들과 다른 것을 겁내지 않는다

이처럼 인간인 이상, 누구나 물욕이나 금전욕, 정신적인 욕망이 있다. 욕망이 있기에 인간이 오늘날에 이르는 진화를 이룬 것이다.

연 수입 10억 원이 넘는 사람은 욕망을 감추지 않는다. 오히려 욕망을 이용해 크게 비약한다.

자신의 욕망에 솔직하며, 남들과 다르다는 사실을 두려워하지 않는다. 막대한 부를 구축하는 데 성공한 이들은 간단하게 '내 개성을 마음껏 발휘하고 싶다'라는 마음을 출발점으로 삼았다. 그것이 행동력이 되고 서비스와 디자인이 되어 사람들을 끌어모으는 매력이 된다.

내가 스물세 살에 직장인이 되지 않고 1인 기업을 시작한 것도 '큰 조직을 만들고 싶다', '돈을 더 많이 벌고 싶다'라는 욕망 때문이었다.

이런 욕망을 가지게 된 이유는 어떻게 보면 단순하다. 우연히 용하기로 소문난 시부야역의 점쟁이에게 장난삼아 본 점이 계기가 되었다. 거기서 "자네는 조직을 리드하는 것이 맞아. 분명히 성공할 거야"라는 말을 들었는데, 정신을 차리고 보니 그 말을 곧이곧대로 믿고 달려서 여기까지 온 셈이다.

여기에는 인상 깊은 후일담이 있다. 20년이 흐른 뒤에 정말로 성공해서 부를 축적하고 다른 사람을 통해 한 번 더 그 점쟁이를 만날 기회가 있었다. 이미 백발이 되어버린 그는 은은한 미소를 띠며 이렇게 말했다.

"자네에게는 최고의 조언이었을 거야. 나는 인생 상담의 프로거든."

결과적으로 사회인으로서의 경험도 없는 젊은이가 앞뒤

도 모르는 상태로 그의 긍정적인 말 한마디만 믿은 셈이다. 그리고 성공을 꿈꾸면서 욕망이 이끄는 대로 행동했더니, 보란 듯이 성공한 백만장자가 된 것이다.

물론 도중에 커다란 좌절과 고난이 왜 없었겠는가. 하지만 돌이켜 생각해 보면 그 모든 일이 나를 성장시킨 소중한 경험이었다.

내가 아는 자수성가형 백만장자들은 기본적으로는 '욕망을 향해 직진'하고, '긍정적이고 꼬이지 않은 밝은 사람들'이다. 그들은 자신의 욕망을 서슴없이 말한다.

욕망에 바보처럼 솔직해지자. 어떤 불행도 받아들이는 자기 본위의 자세가 중요하다.

♦ 연수입 10억 원으로 가는 단계 10
수많은 좌절과 역경이 있을지라도 모두 내가 좋을 대로 생각하면 그만이다

"너무 신나!"

●

인생의 즐거움은
성장 과정에 있다

성공이란 결과만이 아니라, 달성하기까지의 모든 과정이다. 인생의 즐거움은 과정에 있다. 그 과정을 진심으로 즐기면 좌절도 실패도 두렵게 느껴지지 않는다.

내 주위에도 젊은 나이에 회사를 매각해 수백억 원의 자산을 손에 넣고 은퇴한 친구가 몇몇 있다. 모두 부자가 되어 해외를 방랑하며 은퇴 이후의 여유로운 삶을 살았는데, 거의 100%가 태국이나 싱가포르에서 조용히 지내다가 2년 정도면 다시 돌아와 새로운 사업을 시작했다.

만약 돈이 궁하지 않고 일을 할 필요가 없다면 평생 일하지 않고 느긋하게 지내면 되지 않나? 이렇게 생각하는 것이 일반적인 반응일 것이다.

하지만 아침부터 밤까지 성장의 과정을 즐길 일이 없어 느긋이 생활하는 것은 너무도 빨리 질린다.

호리에 다카후미가 "조기 은퇴해 봐야 치매만 빨라질 뿐이다"라고 한 말을 들은 적이 있다. 그는 농담으로 던진 말이었지만 과학적으로는 맞는 말이다.

뇌는 늘 자극을 추구한다. TV 예능이나 뉴스, 핸드폰을 수시로 들여다보고 만지작거리는 것은 생활 속에서 무의식적으로 당신의 뇌가 자극을 원하고 있기 때문이다. 이미 자극이 있는 환경에 익숙해진 우리의 뇌가 갑자기 아무것도 하지 않는 일상에 내던져지면 너무 평범해서 지루하고, 마치 감옥에 갇힌 듯이 느낀다.

결국 젊은 나이에 은퇴했다가 다시 일하기 시작하는 것은 뇌가 자극을 원하기 때문이다. 그리고 자극이란 늘 결과가 아니라 과정에 있다는 것을 잊지 말자.

여기서 한번 당신의 과거를 되돌아보자. 즐거운 추억보다는 괴로움 속에서 열심히 노력하고 애쓰던 때의 기억이 훨씬 선명하게 남아 있지 않은가?

예컨대 영업 실적을 달성해서 열린 축하 회식이나 표창 수여식보다 그러한 성과에 도달하기까지의 과정, 특히 고객이 불만을 이야기하던 장면, 프레젠테이션 전날에 밤을 새우며 작업하던 일, 상사와 동료들과 울면서 하던 회의와 피드백 시간들 말이다. 이처럼 결과보다는 성장할 때까지의 과정이 훨씬 인상에 깊이 남는다.

결과에 대해 기뻐하는 것도 그 과정이 있었기에 가능하다. 만약 아무것도 하지 않고 앉아만 있다가 상품을 받는다면 그다지 큰 감동이 없을 것이다. 모든 결과에는 과정이 있다. 과정이야말로 인생에서 가장 가치 있는 것이다.

무슨 일을 대하든 즐기려는 자세가 중요하다. 그리고 그것을 "신난다! 재미있다!"라고 말하는 솔직함을 겸비했으면 좋겠다.

💎 연수입 10억 원으로 가는 단계 11
성공하는 과정에서 생기는 '자극'을 즐겨라

"이번 실패는 언젠가
좋은 경험이 될 거야"

●

긍정적인 말은
반드시 당신을 돕는다

지금까지 살펴본 것처럼 반드시 성공하는 사람, 연 수입으로 백만장자가 된 사람은 ① 욕망에 솔직하고, ② 긍정적으로 임하면서, ③ 성공할 때까지의 과정을 즐길 줄 안다.

세계를 무대로 비즈니스를 해보고 싶다.

돈과 명성을 동시에 얻고 싶다.

많은 사람에게 긍정적인 영향을 주고 싶다.

내 분야에서 성공하고 싶다.

이런 욕망들을 에너지로 바꾸면 행동력이 점점 좋아진다.

욕망을 솔직하게 입에 담는 것에 대해 거부감이 있다면 행동력이나 도전하는 마음이 좀처럼 싹트지 않는다. 말에는 힘이 있다. 당신이 내뱉는 말을 가장 먼저 듣는 사람은 주위의 그 누구도 아닌 당신 자신이다. 긍정적이고 진취적인 말은 자기 스스로를 위한 것이다.

사회의 법률을 깨뜨리려는 그릇된 욕망을 가져서는 안 되지만, 긍정적인 욕망은 주위를 밝고 힘차게 만든다. 모두가 도전을 입에 담으면 점점 성공하는 사람이 늘어날 것이다.

내가 연 수입 10억 원을 실현할 수 있었던 것도 주위 사람들이 자신의 욕망에 소극적이었기 때문이다. 시작하는 단계에서 경쟁자가 별로 없었다는 말이다.

이 세계는 처음부터 불공평하다. 이는 명백한 사실이며 바꿀 수 없는 이치다. 기회는 평등하다고 말할 수 없다. 행동하지 않는 시점부터 게임에서는 서설로 사라지는 것과 같다. 욕망을 솔직하게 말하도록 하자. 그것을 원동력으로 삼아 행동하는 인간만이 성공할 수 있다.

나 같은 경우에는 이런 욕망의 발화를 유머를 섞어 '신비한 말의 부메랑'이라고 부른다.

나는 아직 실현될 지 알 수 없는 꿈이나 목표를 과감하게 입에 담는다. 그러면 의욕을 샘솟게 하는 아드레날린이 뇌에서 분비되고 행동력이 높아진다. 뇌가 이미지를 갖게 되니 말한 그대로의 모습에 가까워지려고 한다. 이 '의욕 스위치'를 적절히 이용하기를 권하고 싶다.

이 효과는 여기서 멈추지 않는다. 한 발 더 나아가, 입에 담으면 응원해 주는 동료가 모인다.

나는 말의 에너지로 인해 자연스레 끌어당기는 힘이 생기고 성공에 필요한 자원들이 다가온다고 믿는다. 그것이 성공하는 사람의 방정식인 셈이다. 이 우주에서는 은하계도 태양계도 지구, 달도 우리를 구성하는 최소 단위의 미립자조차도 회전함에 따라 인력이 생기고 에너지가 강한 쪽으로 끌려간다.

이 세계를 이루고 있는 우리는 모두 에너지가 강한 쪽으로 끌려가게 되어 있다. 그게 우리가 '인력'이라 부르는 것이다. 인력의 효과가 강하게 발휘되는 것 중 하나가 바로 말을 통한 에너지라고 할 수 있겠다.

실패했을 때 사용해도 되는 3가지 말

하지만 안타깝게도 '전부 무료'인 말을 이용해 도전하려는 사람이 없다. 핑계를 대며 말로 하지 않으려는 것이다. 이 원인을 어디에서 찾을 수 있을까?

어쩌면 자신이 평소 사용하는 말에 이유가 있는 것은 아닐까 하고 한 번쯤 검증해 보기를 권한다. 적어도 내가 아는 부자들은 결코 부정적인 말을 사용하지 않는다. 그들은 의식적으로라도 그렇게 하려고 노력한다.

나도 마찬가지다. 실패나 좌절을 경험할 때면 나도 모르게 부정적인 말이 머릿속에 떠오르기도 하지만, 그래도 기분을 전환시키고 그 생각을 입에 담지 않는다.

'도전해서 못할 일은 없다.'
'언젠가 좋은 경험이 된다.'
'실패해도 다음에 똑같은 실수를 범하지 않도록 활용하면 된다.'

실패했을 때 입에 담아도 되는 말은 이 3가지다. 왜냐하면 이때 만약 당신이 부정적인 말을 내뱉으면, 자연히 다음의 행동은 소극적일 수밖에 없다. 상대에게 던진 말일지라도 말이다. 거듭 말하지만 당신의 말을 가장 먼저 듣는 이는 바로 당신 자신이라는 사실을 명심하자.

💎 **연 수입 10억 원으로 가는 단계 12**

오늘 내뱉은 말을 되돌아보자

부정적인 말만 가득하다면 주의할 것!

"이 기회를
잘 살려보겠습니다!"

•

눈앞의 사건은 긍정적인 일이 될 수도,
부정적인 일이 될 수도 있다

자신이 어떻게 해석하느냐에 따라 눈앞의 일은 긍정적인 일도, 부정적인 일도 될 수 있다. 여기서 성공하는 사람의 '해석력'에 대해 소개하겠다.

우리 회사에서는 1년에 한 번, 큰 목표 달성을 이룬 사원에게 표창을 수여한다. 아무런 고생 없이 좋은 매출이라는 결과를 낼 수 있는 사람은 극소수의 천재를 제외하고는 존재하지 않는다. 대부분은 예외 없이 벽을 돌파하기 전에 몇 가지 난국을 극복하는 법이다.

이때 결과를 내는 사람에게는 공통된 사고방식이 있다.

바로 '긍정적인 해석력'이다. 무언가 목표를 정했을 때 사람은 2가지 방식의 해석을 한다. 첫 번째는 '회사가 부여한 목표이지 내가 하고 싶은 일은 아니다'라는 해석이다. 또 하나는 '회사의 목표이기는 하지만, 이 회사에서 일하기로 선택한 사람은 나다. 내 성장의 연장선상에 있는 것이니 과정을 배우면 노력은 분명 보상받을 것이다' 하는 해석이다.

해석에 따른 결과가 어떨 것 같은가? 후자의 해석을 택하는 직원은 성장이 빠르고 시간이 지날수록 더 큰 일을 맡는다. 결과적으로 팀을 이끄는 리더가 되거나, 일찌감치 높은 연봉을 손에 쥐기 쉽다.

내가 경영하는 회사에서는 독립하고자 하는 직원을 붙잡지 않는다. 그들을 보고 깨달은 것은 무슨 일이든 제 것으로 여기고 진취적으로 해석하는 직원이 기회를 잡아 독립한 후에도 성공하는 경향이 강하다는 것이다.

인생의 해석력이란 주위에서 일어나는 사건, 찾아온 기회, 사람과의 만남을 '자신의 성장'과 연결 짓는 힘이다. 그러므로 어떤 해석이 자신의 성장으로 이어질지 늘 염두에 두는 자세가 중요하다.

주변의 사건에 어떤 의미를 부여할 것인가

이번에는 조금 관점을 바꾸어 더 가까운 예를 들어보겠다. 내 유튜브 채널에서는 가끔 경제적 자유를 이루는 것에 도움이 되는 돈과 관련된 지식이나 커리어를 높이기 위한 공부법에 대해 이야기한다.

최근에는 실제로 해보고 있는 독학을 위한 노트 필기 방법이나, 아침 시간을 활용하는 방법에 대해 설명했다. 그런데 그 영상에 "이 방법은 가미오카 씨니까 가능한 것이었다", "아무래도 CEO다 보니 시간적으로 자유로우니까…"라는 댓글이 많이 달려서 놀란 적이 있다.

물론 "힌트를 얻을 수 있어서 도움이 되었다", "똑같이는 못해도 나름대로 방법을 찾아 도전해 보겠다"라는 코멘트를 단 사람도 있었다.

차이짐이 느껴시는가? 이저럼 같은 인풋이 들어가도 자신은 해내지 못할 것이라고 해석하는 사람이 있는가 하면, 성장하기 위해 무언가를 얻었다고 생각하는 사람이 있다. 무엇이든 긍정적으로 받아들이고 성장의식이 높은 후자의 사람에게 더 많이 알려주고 싶은 것은 인지상정이다.

"좋은 말씀입니다", "도움이 되도록 잘 고민해 보겠습니

해석력의 차이가 미래를 좌우한다

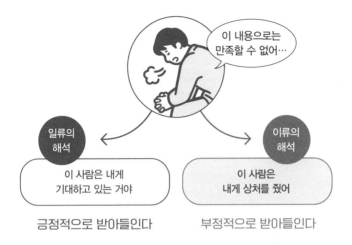

다", "고맙습니다" 같은 긍정적인 반응이 나오면 더 구체적으로 조언해 주고 싶어지는 법이다.

자기긍정감을 높이는 해석력

인간의 성장에 관해 진지하게 생각해 보자면, 엄격한 피드백이 필요한 순간이 분명 존재한다. 다만 그럴 때 '또 혼났다'라고 해석하는 사람이 있는가 하면, '내 성장을 위한 말이야'라고 받아들이는 사람도 있다.

이때 상대방이 한 행위 자체는 '충고'로 동일하다(물론 아무 영양가 없는 갑질이라면 별개의 문제다). 다만 주위의 사건은 다르지 않아도 해석의 차이만으로 긍정적, 부정적 반응이 나타난다는 점을 기억하면 된다.

이는 기회를 포착하는 것에도 영향을 준다. 같은 일상이라도 해석하기에 따라 180도 달라진다. 나에게는 당연하게 느껴지는 아주 작은 일이, 누군가에게는 아주 커다래 보일 수도 있는 것처럼 말이다.

그런 의미에서 긍정적인 해석력이란 당신의 행동력을 높이기 위해 꼭 필요한 요소인 셈이다. 스스로를 긍정적으로 해석하는 사람은 설령 상대방에게 비판을 받아도 '내 부족한 점을 지적해 주었다'라고 긍정적으로 받아들인다. 주위에서 일어나는 사건을 배움과 성장으로 연결시킨다. 특히 일류 스포츠 선수는 이런 능력이 탁월하다. 반면에 부정적인 해석을 하는 사람은 어떤 말을 해줘도 그것을 제 나름대로 변환하여 부정적인 말로 바꾸어버린다.

여기서는 당신의 해석이 자기긍정감을 높이기도 하고 낮추기도 한다는 사실을 기억하자. 그리고 되도록 긍정적인 해석력을 가진 사람 곁에 있도록 하자. 긍정적인 해석력은 주위에도 전염되기 때문이다.

사람은 자기 자신 외에는 통제할 수 없다. 해석의 통제 범위를 넓혀서 주위 상황을 바꾸고 행동력으로 만드는 수밖에 없다. 반드시 결과를 내는 사람, 스스로 성공해 부자가 된 사람은 틀림없이 사건을 긍정적으로 해석하고 앞으로 나아가는 이들이다.

◆ 연수입 10억 원으로 가는 단계 13
눈앞의 일에 대해 어떻게 해석할지 고민된다면 긍정적으로 생각하기

"핸디캡이 있는 정도가
딱 좋아"

•

낙관적인 정신력이
성공을 이끌어내기도 한다

앞에서 잠깐 이야기했듯이, 우리는 환경을 선택해서 태어날 수 없으므로 모든 인간의 출발점이 같지는 않다. 솔직히 말하자면 이 세상은 불공평하다. 공평해야만 한다고 정한 것은 인간뿐이다.

자연의 세계는 어떠한가? 수컷 개복치는 99.9%가 다른 물고기의 먹이가 된다. 토끼는 항상 여우나 독수리에게 잡아먹히는 신세다. 사실 이와 같은 문제는 위를 쳐다보면 끝이 없고 아래를 봐도 마찬가지다.

지금 일본은 세계 3위의 경제 대국이다. 안전하게 생활할 수 있고, 기본적으로 식량에 대한 걱정도 없다. 하지만 세상

곳곳에는 살 곳이나 직업조차 선택할 수 없는 사람들이 있다. 여전히 계속되는 내전 탓에 학교에 다니기도 어려운 아이들이 있다. 매일 안전하게 생활할 수 있고 자유롭다는 것에만 초점을 맞추면 우리는 지구상의 80% 사람들보다 더 축복받았는지도 모른다. 이 나라에서 태어났다는 것만으로도 처음부터 어느 정도는 좋은 조건에 있는 셈이다.

다른 사람들이 어떤 출발선에 서고 싶어 하는지 전부 알 수는 없다. 선두의 포지션만을 바라보며 다른 모든 것은 비난의 대상으로 여기는 사람도 있을 것이다. 기억해야 할 것은, 당신의 100m 뒤, 혹은 1km 뒤에서부터 달리기를 시작하는 사람도 많다는 점이다.

이러한 생태를 알았다면 어떻게 할 것인가? 포기할 것인가? 혹은 그 자리에 주저앉을 것인가? 여기서 패배를 인정하고 만다면 결국 인생은 당신의 행동과 노력이 영향을 미치지 않는 '운'일 뿐이다.

만약 당신이 원하는 출발선에 서 있지 않다면 더 많은 시간을 행동하여 그 차이를 좁히는 수밖에 없다. 고민하고 앞서갈 방법을 찾아라. 노력과 행동하기에 따라서 미래는 언제든지 달라진다.

이것도 앞서 이야기한 '해석'의 차이다. 역경을 발판으로 삼아 꿈을 이루거나 경제적 자유를 손에 넣은 사람은 무수히 많다.

'이미'라고 생각할 것인가?
'아직'이라고 말할 것인가?

다만 그러려면 역시 첫걸음을 최대한 빨리 내딛는 것이 중요하다. 그 원동력으로 앞서 소개한 욕망과 호기심을 사용해 보자.

그 힘을 최대한으로 발휘한 사람 중 한 명이 다이아몬드 다이닝이 마쓰무라 이쓰히사松村厚久 사상이다. 그는 일본 최대급 요식업계 그룹의 창업자이면서 다이아몬드 다이닝을 도쿄증시 상장기업으로 키워낸 경영자다.

내가 마쓰무라 아쓰히사 사장을 만난 건, 그가 젊은 나이인 서른아홉 살부터 파킨슨병을 선고받아 투병 중이라는 사실을 밝힌 지 얼마 되지 않았을 무렵이었다. 그가 이 사실을 세상에 알리기 전부터 교류회를 통해 알고 지냈던 터라, 혼자서 걷지 못하는 마쓰무라 사장을 보고 '뭔가 이상하다'라는 느낌은 받았으나 미처 투병 사실까지는 알지 못했다. 방송에서도 취재된 적이 있으니 많은 이들이 알 것이다. 자신의 큰 병을 공표한 뒤 했던 그의 말을 아직까지 잊을 수가 없다.

"1,000개의 점포, 1조 원 그룹의 기업을 키워내는 데 편한 길만 있다면 재미가 없지요. 큰 병을 앓는 정도의 핸디캡이 있는 편이 딱 좋습니다."

직원들이 연달아 퇴사하는 등 회사 경영에 어려움을 겪던 내 가슴에 그 말이 날아와 꽂혔다. 일반적으로 생각하면 우울하고 어둡게 가라앉을 만한 이야기다. 하지만 어떤 고난에도 해석력에 따라 자신은 물론이고, 주위 사람들에게까지 용기를 줄 수 있음을 몸소 보여준 사례 아닐까?

'이미'라고 생각할 것인가? '아직'이라고 말할 것인가?

지금 이 순간에도 견디기 힘든 좌절을 겪었거나 큰 장벽과 맞닥뜨린 사람이 많을 것이다. 그런데 사건의 해석을 결정하는 것은 바로 당신이다.

한 걸음을 내디딘 사람만이 두 번째 걸음도 내디딜 수 있다.

나는 아직 하지도 않은 나중의 실패를 굳이 생각하지 않는다. 경험상 다소 낙관적인 편이 인생을 더 나은 방향으로 굴러가게 한다.

자신의 마음에 솔직하게 직면하자. 여러분은 지금 공복 상태다. 배가 고프고 무언가 먹고 싶다면 즉시 행동할 것이다. "아, 배고프다!" 하고 말할 것이다. 호기심과 욕망에 충실하게 산다는 것은 그런 의미다.

◆ 연 수입 10억 원으로 가는 단계 14
역경을 긍정적인 사고로 바꾼 사람들의 용기를 잊지 말기

백만장자 아웃풋

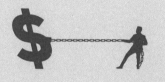

최강 멘탈을 위한
한계돌파법

4장

부자는
몇 번을 쓰러져도
다시 일어선다!

원 포인트
의식 집중

●

두려움과 망설임이
사라지는 각오법

인생은 멍하니 있으면 눈 깜짝할 사이에 지나가 버린다. 독자 중에는 취업을 준비하는 학생이나 이제 막 사회에 나온 젊은 사회초년생도 있겠지만, 40대, 50대인 분들도 있을 것이고, 어쩌면 100세가 넘은 분도 있을지 모른다.

틀림없는 것은 누구에게나 오늘이 가장 젊은 날이며, 어디서부터든 도전할 수 있다는 사실이다.

다만 젊을 때 시작하는 것이 위험부담이 적고, 실패해도 다시 시작하기가 조금 더 수월할 뿐이다. 실패에서 얻은 경험과 교훈이 쌓여 다음 도전에서 성공할 확률을 높여주기 때문이다.

요즘 시대에 맞지 않는 소리일지도 모르지만, 나는 젊을 때 한 번쯤은 눈앞에 닥친 일이나 인생의 목표를 위해 자는 시간도 아까울 만큼 전속력으로 달려보는 것이 좋다고 생각한다.

결단, 각오, 행동을 원 포인트로 맞추기

연 수입 10억 원을 손에 넣는 사람은 이처럼 적어도 한 번은 스스로 허들을 높이고 일에만 집중한 경험이 있다. 그렇게 자신의 한계를 넘어 다음 단계로 올라선 것이다.

내 지인 중에 연 매출 1,000억 원 규모의 화장품 회사를 20년 가까이 경영하고 있는 CEO가 있다. 어느 날 함께 식사하는데, 과거에 도산했던 경험이 있다는 이야기가 나왔다. 그녀는 매우 우수하고 능력 있는 경영자였기에 내심 놀랐다.

당시 그녀는 마음고생으로 체중이 하도 줄어서 피골이 상접할 정도였다고 한다. 그래서 정말로 마지막이라고 생각하고 가진 은행 통장과 인감을 전부 책상 위에 올려두었다고 한다(결단).

여기 있는 돈이 전부 사라지면 달리 잃을 것도 없다. 그렇게 생각하자 오히려 두려움이 사라졌다고 한다(각오).

그때부터 해야 할 일을 하나씩 종이에 적어 내려간 후 전부 실행했다고 한다. 그렇게 노력한 덕분에 회사도 다시 일어설 수 있었다고 말했다(행동).

인생은 망설이고 고민하는 동안에는 행동과 에너지의 초점이 맞지 않는다. 돋보기와 같은 원리로 초점이 한곳에 맞춰져야 종이에 불이 붙는 것이다.

결단, 각오, 행동. 해내고야 마는 힘을 손에 넣으려면 기술만으로는 부족하다. 여러분도 이 3가지의 초점을 맞추어보기를 바란다.

💎 **연 수입 10억 원으로 가는 단계 15**
좌절했다면 모든 것을 앞에 내어놓고 무엇을 할 수 있을지
생각하고, 그것을 전부 실행하기

도산 위기를 극복한
터닝 포인트

나도 인생에서 딱 두 번, 여기가 한계점이라고 생각될 정도로 일에 몰두한 경험이 있다. 스물세 살 때의 일이다.

대학 재학 중에 개인사업자로 일했던 적이 있다. 요즘 식으로 표현하자면 프리랜서인 셈이다. 당시에는 방송작가로서 회사에 근무하지 않고도 방송국이나 라디오국에 드나들며 PD와 미팅을 하고, 아침 뉴스 프로그램의 원고를 작성하거나, 버라이어티 프로그램의 아이디어를 내는 일을 했다. 현재 경영자로서의 초석을 이 시기에 얻은 경험과 인맥으로 다질 수 있었다.

이때만큼 내 인생에서 열심히 일했던 시기는 없었다. 집에 들어가는 건 한 달에 두세 번 정도였고, 대부분은 어두운 편집실이나 방송국의 스튜디오 출입구에 마련된 의자를 침대 삼아 잠들었다.

당시 니혼TV 방송국에는 인기 프로그램인 〈밤의 히트퍼레이드〉, 〈천재 타케시의 힘이 나는 텔레비전〉 등을 녹화하는 거대한 스튜디오가 있었다. 출입구에는 긴 의자가 놓여 있었는데, 내가 가장 좋아하는 곳이기도 했다. 연예인을 비롯해 방송국 관계자들도 사용하는 의자라 폭신폭신한 재질이었고, 앉으면 아주 기분이 좋았다. 거기서 눈을 떠 아침을 맞이하고 다시금 현장으로 돌아가 일을 하는 식으로 20대를 보냈다.

그리고 두 번째는 스물일곱 살에 친구와 둘이서 회사를 차렸을 때다.

그때 당시에는 정말로 맨손으로 시작했다. 아무것도 없이 두세 평 남짓한 원룸 오피스에서 업무를 보았다. 사무실과 가까운 마트에서 사 온 개당 4만 원짜리 책상을 두고 직접 선반을 조립했다. 그야말로 드라마에나 나올 법한 장면처럼, 모든 것을 전부 다 손으로 만들었다. 그래도 좁지만 완성된

사무실을 보고는 설렘과 기대로 가슴이 두근거리던 기억이
난다. 그런데 그 시기에는 미처 몰랐다. 인생 최대의 고난이
시작되고 있었다는 것을.

창업 동료가 이직 사이트를 보다

스물일곱의 젊은 경영자라고 하면 아주 멋지게 들린다.
하지만 인맥이 거의 없으니 스스로 서비스를 만들고, 또 직
접 발로 뛰며 영업을 다녀야 하는 처지였다. 당시 나는 TV
방송작가 경험을 살려서 미디어 프로모션 사업을 시작했다.
하지만 스물일곱 풋내기의 이야기를 진지하게 들어줄 기업
담당자는 없었다. 결국 석 달 정도는 월급도 없이 일하며 통
장 잔고가 줄어들기만 했다.

이 상황에 더욱 충격적인 일이 발생했다. 성과도 없는 영
업을 하고 힘없이 돌아왔는데, 함께 회사를 차린 친구가 이
직을 위해 구인·구직 사이트를 들여다보고 있는 것이 아닌
가. 사무실 문을 열고 들어서는 나와 눈이 마주치자 한순간
에 불편하고도 어색한 분위기가 우리 두 사람을 감쌌다. 이
때의 충격은 말로는 표현하기 힘들다. 온몸에서 피도 힘도

다 빠져나가는 듯했으니까.

그러나 신기하게도 상대방에게 화가 나지는 않았다. 오히려 회사에 수익이 없는 탓에 유일한 직원이자 친구를 이런 상황까지 몰고 갔다는 죄책감이 끓어오를 뿐이었다. 사장은 나고, 결과에 대한 책임은 모두 내게 있다. 변명해본들 아무것도 달라지지 않는다.

이날을 계기로 내 의식은 완전히 달라졌다. 입으로만 꿈을 말하는 것이 아니라, ① 무슨 일이라도 해낸다는 결단, ② 하나에 집중하고 물러설 곳을 남기지 않는 각오, ③ 해야만 하는 행동, 이 3가지를 철저히 지켰다.

다시 말하면 필요한 결단, 각오, 행동을 했기에 난국을 돌파할 수 있었다. 내가 만난 경영자들도 난국을 타개한 데는 똑같은 터닝 포인트가 있었다고 말한다.

각오하고 양적으로 노력하다

이 일을 겪고 나는 우선은 작은 일이라도 좋으니 맡겨만 달라고 머리를 숙이고 다녔다. 아침부터 밤까지 영업을 계속

했다. 밤중에는 홈페이지를 만들고 다음 날 제안할 자료를 작성했다.

일단 양적으로 노력하면 고객의 니즈와 개선점도 눈에 들어온다. 덕분에 조금씩 수주량이 늘어나고 수익이 생기기 시작하면서 회사도 궤도에 오를 수 있었다. 그때부터 더욱 새로운 실적을 쌓고, 그것을 사례로 삼아 신규 영업을 진행했다. 그야말로 작은 레고 블록을 쌓아 올리는 것 같은 꾸준한 작업이었다.

실적화 → 새로운 노하우 획득 → 사례화 → 새로운 영업의 반복이 사이클이었다.

이런 식으로 5년을 들여 연 매출 30억 원의 회사로 성장시켰다. 재고나 중간 마진이 없는 컨설팅 회사의 매출 30억이다. 소매업이나 제조업으로 치면 거의 100억 규모라고 보면 된다. 그리고 작은 원룸에서 시오도메에 위치한 일본 최대 광고 회사인 덴쓰의 본사(이 빌딩은 현재 매각됐다) 앞으로 사무실을 이전했다. 물론 직원도 많이 채용했다. 지금은 회사의 주식상장도 바라보며 직원들과 한마음으로 매진하고 있다.

성장일기

●

중심이 흔들리지 않는 사람은
스스로 자신을 평가한다

앞뒤 생각하지 않고 열심히 일하며 자신의 한계를 알아야 한다고는 하지만, 오랫동안 격무에 시달리면 희생이 따라오기 마련이다. 건강이 나빠지기도 하니 말이다. 하지만 한 번 한계를 돌파한 경험은 '자신감'으로 이어진다.

연 수입 10억 원 이상을 버는 사람은 자신의 한계를 잘 안다. 한 번이 아니라 두 번, 세 번 비슷한 경험을 해왔기 때문이다. 최대치의 퍼포먼스를 알고 있으니, 실패하는 상황이 와도 마음에 여유가 있다. 급한 상황에서 자신이 전력을 다하면 단기간에 최대의 퍼포먼스를 낼 수 있음을 알고 있기 때문이다.

포기하거나 무너지지 않고 버티고 있는 한 어떤 난국이나 장벽도 기회로 바꾸고 돌파할 수 있다. 과거의 경험이 자신감이 되고, 자신이 있으니 행동하게 된다. 그렇게 자신만의 원동력을 갖게 되는 것이다. 이런 사람은 강인하며 중심이 흔들리지 않는다.

타인의 평가보다 자신의 평가

어려운 상황을 여러 차례 극복해 온 경영자는 말로는 표현하기 힘든 분위기를 갖고 있다. 어려움에 맞닥뜨려도 도망치지 않고 이겨낸 스스로에 대한 자신감이 무게감으로 드러나는 것이리라. 아래의 말을 곱씹어 보자.

오늘이 끝나면 다음 날 우리는 또 하루만큼의 나이를 먹는다.
그렇게 생각하면 자신의 인생을 하루도 허투루 보낼 수 없다.
고민할 시간이 어디 있는가? 매일 온 힘을 다해 살아나

가야 한다.

당신에게는 명확한 꿈과 목표가 있고, 그것을 향해 진지하게 나아가고 있는가? 기회를 만나면 도망치지 않고 결과를 만들어내는가? 결단, 각오, 행동의 초점이 제대로 맞춰져 있는가?

나는 그것을 돌이켜보기 위해 '일기'를 쓴다. 스무 살 때부터 매일 빠짐없이 일기를 쓰고 있으니 아주 오래된 습관이다.

'1일 1생'을 인생의 지침으로 삼고 늘 오늘 하루를 '인생의 마지막 날'이라 생각하며 열심히 산다. 매일의 성장은 눈에 보이지 않을 정도로 작을지 모른다. 하지만 석 달, 여섯 달, 1년을 지속하면 믿을 수 없을 만큼 커다란 변화가 만들어진다.

어제의 나, 작년의 나에 비해 오늘의 나는 얼마나 향상되었는가?

쌓아온 노력과 시간은 결코 배신하는 법이 없다. 일기를 돌이켜보면 의외로 자신과 주위 사람들이 활동하는 필드나 가진 능력의 수준이 높아졌음을 알 수 있다.

그리고 '나'의 가치는 타인이 정하는 것이 아니다. 자신의 가치는 우선 스스로 결정하자. 그러기 위해서 오늘부터라도 좋으니 일기를 통해 아웃풋을 자체적으로 평가해 보자.

경험을 자신감으로 바꾸는 방법

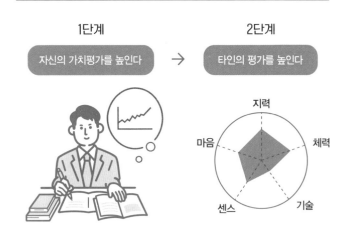

회사에 소속되면 타인의 평가가 당신의 연봉이나 커리어를 결정한다. 그래도 우선은 자신의 가치판단이 존재하고, 그 이후에 타인의 평가 기준을 생각하는 것이 올바른 순서다. 자신에 대한 가치판단이 낮은 사람이 주위에서 좋은 평가를 받는 일은 결코 없기 때문이다. 기준을 다른 사람이 아니라 스스로에게 두어야만 한다.

'성공할 것, 돈을 많이 벌 것'이라는 목표를 정했다면, 당신의 평가를 먼저 높이는 것이 우선순위가 되어야 한다.

💎 **연 수입 10억 원으로 가는 단계 16**
하루하루의 성장이 눈에 보이도록 일기를 쓰며 변화를 관측하기

자기효능감을 높이는
혼잣말 인정

●

단 1초 만에 자신감 되찾기

성공하는 사람은 대개 주위에서 "저 사람은 좀 특이해", "다른 사람과 잘 맞지 않아"라는 이야기를 듣는다.

주위 사람들은 멈춰 있는 것에 반해 변화를 계속하는 이들에게 돌아오는 지극히 당연한 반응이다. 특이하다는 이야기를 듣지 못하는 사람은 아직 행동에 변화가 부족한 것이다. 참고로 지금도 내 유튜브 채널에는 매일같이 중상모략하는 댓글이 달린다.

그래도 나는 아무렇지 않다. 내가 좋아하는 대로 자유롭게 살아갈수록 타인과 맞추기는 어려워지는 법이다.

일류 테니스 선수가 되뇌이는 말

이때 도움이 되는 것이 자신에 대한 '자기효능감'이다. 자기효능감이 높은 사람은 충격적인 일을 겪어도 다시 일어서는 속도가 자기효능감이 낮은 사람과 완전히 다르다.

일본인과 한국인의 자기효능감은 세계 하위 수준

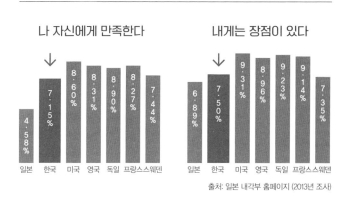

출처: 일본 내각부 홈페이지 (2013년 조사)

참고로 위의 표에서 보듯이 일본인의 자기효능감은 다른 나라와 비교했을 때 하위권에 머물러 있다(한국인도 마찬가지로 낮은 수준이다-편집자 주).

자기효능감을 높이기 위한 가장 빠른 방법으로 다음의

4가지가 있다.

1. 좋아하는 것을 '좋아한다'라고 말하기

2. 자신이 좋아하는 분야에서 성장을 느끼기

3. 작은 일이라도 좋으니 성공 체험을 쌓기

4. 긍정적인 말을 하기

일류 테니스 선수는 시합 중에 반드시 자신의 좋은 플레이를 입으로 말하며 확인한다. 나도 일의 흐름을 만들어내기 위해 "좋아, 잘하고 있어", "괜찮게 진행되고 있군" 하고 말하는 편이다. 스스로 자신의 행동을 인정하고 고무시키는 과정이다.

이렇게 하면 단 1초 만에 자신감을 되찾을 수 있다. 자기계발을 위한 세미나가 솔직히 필요하지 않을 정도다. 다만 주위에 누군가가 있을 때는 조용히 혼잣말로 하기 바란다.

♦ 연 수입 10억 원으로 가는 단계 17
컨디션이 좋지 않을 때는 "지금 나는 완전 좋은 상태야!"라고 혼잣말하기

희망&절망이라는
양손의 무기

●

죽는 날까지 배우는 게 인생이라는 것을
깨달으면 인생이 잘 굴러간다

만약 당신이 당면한 일의 상황이 좋아지지 않고, 그 일을 해결할 자신감 또한 생기지 않는다고 느낀다면, 환경이나 상사에 대해 불만을 말하기 전에 다음의 2가지를 먼저 시도해보자.

우선 '지금의 과정 후에 정말로 손에 넣고 싶은 미래가 기다리고 있다'라고 믿자.

일을 통해 많은 것을 배우고 성장하면 기술도 인정받을 수 있고 희망하는 부서로 배치받을 가능성도 있다. 이 경험이 이직할 때 유리하게 작용하거나, 교류회를 통해 새로운 만남의 기회가 날아들지도 모른다. 언제든 과정이 있고 그이후에 바라는 결과가 있는 법이다.

과정은 사다리 타기와 같아서 늘 분기되기 마련이다. 이분기 차트를 상상해 보자. 원하는 것을 뽑기 위해 '나는 할수 있다!'라는 자기효능감을 가지고 행동하며 지금을 즐겨보기를 바란다.

또 하나는 '월급을 받으면서 배울 수 있다니, 이 얼마나좋은가?' 하고 관점을 바꾸어 보는 것이다.

"죽을 때까지 배우는 것이 인생이라는 것을 깨달으면 인생이 잘 굴러가고 풍요로워진다."

내가 대학교 세미나나 강연을 나갔을 때 학생들에게 반드시 해주는 말이나. 이와 반대로 현실에 안주하거나 지금의직장에서 받기만을 원한다면 스스로 놀랄 만큼 빠른 속도로'배우지 않는 인간'이 된다.

학창 시절을 떠올려 보자. 강요받는 공부일수록 재미가덜하다. 어른의 공부도 마찬가지다. '공부=억지로 하는 것'이라고 생각하면 누구라도 소극적인 자세를 취하게 된다.

배움의 필요성을 스스로 깨닫는 것이 중요하다. '죽을 때까지 공부'를 계속하려면 어느 정도의 위기감이 필요하다. 줄곧 조직에 속해 있으면 안정적이라고 생각하는 사람의 마인드를 뿌리째 바꾸기란 여간 어려운 일이 아니다.

공포를 이용해 과거의 영광을 끊어내다

스무 살 때부터 내게 많은 도움을 준 고급 일식집 사장님이 이전에 이런 말씀을 하셨다.

> "희망은 당연히 중요하지만, 그것만으로는 초인적인 힘이 생기지 않는다. 희망과 공포, 이 2가지 엔진을 갖추는 것이 중요하다."

희망과 공포를 가져라. 그 말을 들은 이후로 나도 기회가 있을 때면 이 말을 사용한다. 희망은 중요하지만, 그렇다고 해서 위기의식이 전혀 없으면 긴장감을 유지할 수 없다. 때로는 미래에 대한 생생한 공포로 자신을 채찍질하면서 행동하는 것도 중요하다.

이전에 TV 프로그램에서 버블 붕괴로 인해 도산한 일본 장기신용은행의 이후 이야기를 추적해 다룬 다큐멘터리를 본 적이 있다.

그곳은 대학 졸업생들에게 가장 인기 있는 직장 순위를 매기면 늘 상위권을 차지하고, 규모가 크다 보니 절대 도산할 일은 없다고 평가받던 은행이다. 다큐멘터리에서는 뿔뿔이 흩어진 직원들이 한자리에 모이는 동창회 같은 이벤트를 밀착 취재했다. 이 모임에서 인상적인 말이 나왔다. 근무 당시 관리직을 맡았던 은행원이 이런 말을 했다.

"혼란 속에서 과거와 결별하고 새로운 나를 찾고자 열심히 발버둥을 친 사람은 그 후에 경험을 살려 사업 회생 컨설턴트가 되거나, 배녀 상사로 창업하는 등 새로운 세계에서 나름대로 활약 중이다. 반면에 마지막까지 은행 이름이나 명함에만 매달려 있던 사람들은 지금도 고통 속에 지내는 경우가 많다."

성공한 사람들은 희망과 공포를 적절히 구분하여 사용할

줄 안다. 그들은 결코 끝없이 희망만을 논하는 낙천주의자가
아니다.

그들은 희망을 품음으로써 자신을 격려하고, 공포를 통해
과거나 영광에 얽매이지 않도록 스스로 경계한다.

위기감을 느끼지 못하는 사람을 위한 특효약

최근 일본에서는 일반 회사원의 연봉이 오르지 않는 게
사회 문제가 되고 있다(이는 한국과도 비슷한 상황이다-편집자
주). 다른 나라들과 비교해 볼 때 연봉에 거의 변화가 없는
것은 사실이다. 세금은 갈수록 늘어나기만 하고 물가는 점점
올라가니 손에 쥐는 돈은 더 줄어든 셈이다..다만 이것을 정
부나 기업의 책임으로만 돌리는 것은 성급하다고 생각한다.
이렇게 해서는 논의도 진전되지 않는다.

그러나 내가 20년 동안 경영해 온 회사는 사뭇 다르다.
우리 회사의 직원 연봉은 사회 전반적인 분위기와 상반되게
계속 상승하고 있다. 20대에 연봉이 1억 원에 가까운 직원
도 있다. 벤처기업이니 당연하다고 한다면 더 할 말은 없지

만, 분명한 의식의 차이도 있는 것이 아닌가 싶다.

바로 '위기의식'의 차이다.

당신이 위기의식을 갖고 일에 임하지 않으면 솔직히 연봉이 드라마틱하게 상승하지는 않는다. 연공서열(근속 연수가 긴 구성원을 승진과 보수 등에서 우대하는 인사 제도) 시스템이 완전히 붕괴된 지금, 기업이 연봉을 올리지 않는 이유는 무엇일까? 바로 직원이 회사를 그만둘 위험이 없기 때문이다. 대부분의 직장인이 회사에게 위기의식을 주지 못하고 있다는 뜻이다.

만약 당신이 회사에 꼭 필요한, 대체할 수 없는 인재라면 어떨까? 사표를 내고 다른 회사로 옮기겠다고 하면, 직무와 동시에 평가를 가장 잘 보여주는 '연봉'이라는 형태로 당신을 붙잡고자 할 것이다. 물론 그들이 붙잡으려면 당신이 회사에 기여하고 있는 분명한 가치가 증명되어야 한다.

즉, 기업은 물론 당신에게도 위기감과 가치 기여에 대한 의식이 필요한 것이다.

회사에 바라기만 하고 자신은 성장하지 않은 채 위기의식도 없는 직원. 불평불만만 늘어놓지만, 퇴사를 생각하자니 이직할 만한 능력은 못 되는 것 같은 직원. 만약 당신이 오너

백만장자 아웃풋

경영자라면 그런 사람의 급여를 많이 올려주려는 마음이 들까? 아닐 것이다.

만약 위기감을 느꼈다면 지금부터 그 위기감을 행동으로 바꾸기를 강력히 권한다.

◆ 연 수입 10억 원으로 가는 단계 18
너무 희망만 품지 말고, 위기감과 친구가 되자

어떤 목표도
확실히 달성할 수 있는
3가지 방법

5장
연 수입 2억 원의
벽을 넘어서라!

처음에는 자신의 욕망을
가장 우선으로 생각한다

처음부터
숭고한 목표를 세운다

드디어 다음의 6장부터는 백만장자가 되기 위한 구체적인 방법을 설명하겠다. 그 전에 이번 장에서는 당신이 '목표를 실현하는 힘'을 가졌는지 아닌지를 알아보자.

연 수입 10억 원 이상의 '큰 부자'는 일단 목표달성력이 상당히 높다. 그 비결을 여기에 풀어놓고자 한다. 목표달성력이 없는 사람은 '작은 부자'로 끝난다. 부디 '연 수입 2억 원의 벽'을 뛰어넘고 다음 단계로 올라가기 바란다.

내가 성공하지 못하면 아무도 도울 수 없다

내 주위에 있는 '큰 부자'들만 둘러봐도 한때 큰 고난이 찾아왔거나 사회적 지위와 명예를 잃었던 경우가 많다. 나 역시 그랬다.

모티베이션의 시작점은 결국 야심, 욕망, 생존 욕구이다. 오히려 처음에는 그래도 된다고 생각한다. 처음부터 '숭고한 목표'를 가질 필요는 없다.

한때 사회기업가 붐이 일었던 적이 있다. 돈이나 자기 자신을 위해서가 아니라, 세상과 다른 사람을 위해 창업하는 매우 훌륭한 생각과 이념이다.

그 생각에는 아무 문제가 없다. 그런데 실제로 돈이 없으면 지속할 수 없는 것이 사업이고, 수익이 나지 않으면 계속 행동해서 세상 사람들을 위해 공헌할 수도 없다. 자신이 성공하지 않으면 오랫동안 누군가를 지원하기도 힘들다.

항공사고나 해양사고가 발생했을 때 인명을 구조하는 규칙은 '자신의 안전을 가장 먼저 확보할 것'이다. 자신보다 상대방을 우선하면 결국 냉정하게 행동하지 못해 둘 다 위험에 처하고 만다.

즉, 나부터 제대로 행동하고 결과를 내야 한다. 그런 다음에 더 큰 목표를 가지면 된다. 이 순서가 정말로 중요하다.

성장에 맞춰 목표는 계속 바꿔도 된다

목표도 성과도 시간이 지나면서 점차 달라진다. 그것은 고정된 가치가 아니며 당연히 변해도 된다. 나는 처음에는 돈과 안전을 위해서 일했고, 다음에는 허영심과 회사 규모를 위해, 겸사겸사 직원과 가족을 위한 목표로 점차 달라졌다.

지금은 사회와 나라를 위해, 아이들의 밝은 미래를 위해 지역 격차와 교육 격차를 없애는 비즈니스에 도전하고 있으며, 목표의 스케일이 훨씬 커졌다. 10년 전의 나로서는 상상도 할 수 없을 변화이다.

백만장지가 되고, 계속해서 그 이상을 벌게 되면, '부자가 되는 것만으로는 채워지지 않는 게 있으며, 행복에 한계가 있다'라는 사실을 알게 된다.

내 주변에는 회사를 팔아 수백억의 자산을 손에 쥔 사람들이 즐비하게 늘어서 있다. 어디서 술을 마시든 늘 세단이 모시러 온다. 평생 다 쓸 수도 없을 만큼의 돈을 가지고 있으면서도 왠지 모르게 표정이 밝지 않거나 가족과 사이가 좋지 않은 이들도 있다.

돈은 많으면 많을수록 안심이 되는 측면이 있다. 바로 '물질적인 안정감'이다. 하지만 욕망도 나이와 더불어 점점 커지므로 어디선가 한계를 맞이하게 된다. 그때 어떻게 방향 전환을 하느냐에 따라 당신이 평생 돈의 사랑을 받을 것인지 아닌지가 나뉜다.

수십억이 넘는 자산이 있어도 일상생활은 크게 다르지 않다는 사람도 있다. 실제로 어느 정도 안정된 수입이 생길 곳을 만들고, 매월 일정한 돈을 벌 수 있는 시스템이 세팅되면 이후로는 일을 하지 않아도 통장의 돈은 계속 늘어날 뿐, 줄어들지 않는다. 비즈니스의 운용자금이나 생활비보다도 입금되는 돈이 훨씬 많아지기 때문이다.

이 시점부터 돈의 가치를 점차 느끼기 힘들어진다.

'지금 무슨 일에 큰돈을 쓰겠습니까?'라고 물어도 사업을 제외하면 가구 교체나 신상 전자기기 등 거의 일상적인 답변밖에 나오지 않는다. 이미 돈을 버는 일이 특별하지 않아졌을지도 모른다.

차나 고급 시계도 한 번 사두면 수집가가 아닌 이상 몇 년간은 살 필요가 없다. 독자 여러분도 지금은 '내 욕망이 이끄는 대로 돈을 많이 벌어야지!'라고 생각할지 모른다. 그러나 자신과 마주하며 전진해 나갈수록 자연스럽게 목표는 점차 달라진다.

어차피 돈은 자유로운 선택지를 넓혀주는 수단이지 버는 것 자체가 목표는 아니다. 자기 인생의 가능성을 무한히 넓혀주는 도구에 불과하다. 그러니 안심하고 '돈을 벌고 싶다'

라고 말하자.

욕망 추구로 에너지 충전하기

진정한 행복은 고를 수 있는 인생의 선택지가 얼마나 많으냐로 결정된다.

한 심리학 논문에서 관련된 내용을 읽은 기억이 난다. 로마 시대처럼 노예제도가 있던 시절에 노예에게는 선택지가 없었다. 감옥에 갇힌 이들도 마찬가지다. 선택지가 없는 인생에 희망이나 행복이 있을 수 있을까?

처음부터 너무 원대한 목표 같은 멋진 이야기만 늘어놓으면 돈을 벌고자 하는 모티베이션에서 점점 멀어진다. '명품을 사고 싶다', '이성에게 매력적으로 보이고 싶다'처럼 동기는 무엇이든 괜찮다. 우선은 욕망하는 대로 행동하여 부자의 단계까지 빠르게 달려가 보자.

큰돈을 버는 일은 결코 나쁜 것이 아니다. 법에 저촉되거나 남에게 피해를 주지 않는 한 욕망에 솔직해지는 것도 자신답게 사는 데 필요한 에너지 충전법이다.

눈치 보지 말고 마음껏 욕망을 추구하자.

돈을 번 후에 '돈이 많다고 행복해지는 것은 아니다'라는 것을 알게 되면 그때야말로 당신이 자유롭게 선택할 수 있는 권리를 활용할 때다. 그때 비로소 진정한 목표를 찾으면 된다.

💎 **연 수입 10억 원으로 가는 단계 19**
'돈의 가치'는 살아가는 선택지가 늘어나는 것에 있다.

하나의 일에 집중하여
'첫 승자'가 되고자 한다

모든 일을 멀티태스킹으로
극복하려고 한다

한 번에 2가지 이상의 일을 처리하는 다중작업, '멀티태스킹'이라는 기술이 자기계발 서적을 중심으로 붐을 일으키고 있다.

하지만 멀티태스킹을 추구하기 전에 먼저 생각해야 하는 게 있다. 저글링을 하는 곡예사는 많은 공을 동시에 조작하는 것처럼 보인다. 그러나 실제로 그가 통제할 수 있는 것은 손에 들린 공 하나뿐이다. 나머지는 공중에 띄워 두고 움직임을 눈으로 좇는 것에 불과하다.

반드시 성공하는 사람은 많은 선택지와 사업에서 집중해야 할 것을 찾아내어 그것 '하나'에만 집중한다.

다양한 사업 그룹을 가진 미국의 제너럴일렉트릭GE은 과거에 거대기업의 이면에서 부정 회계 등의 불상사를 경험했고 매년 적자를 낸 적이 있다.

이때 '프로 경영자'로서 등장한 이가 바로 세기의 경영인, 잭 웰치Jack Welch다. 그는 '선택과 집중'을 통해 수백 개의 사업 중에서 앞으로 투자해야 할 몇 개만을 추려냈고, 그것에 인적 자원과 자금을 집중적으로 쏟아부었다.

그는 대규모의 구조 조정과 회사 규모의 축소라고 여겨질 수 있는 대담한 판단으로 당시 대대적으로 언론의 비판을 받았다. 하지만 결과적으로는 그의 판단이 적중하여 GE는 되살아날 수 있었다. 무수한 선택지 중에서 해야 할 것을 골라 집중하는 것. 이것은 적자에 허덕이던 거대기업을 회생시킬 때 프로 경영자가 가장 먼저 취하는 기법이다.

당신이 결과를 만들어내려고 한다면 해야 할 일은 하나다. 해야 할 것에 집중하고, 자기 자신을 잘 컨트롤해서 마지막까지 해내는 것.

적어도 비즈니스나 커리어 향상을 통해 목적을 이루고 연수입 10억 원 이상을 달성하고 싶다면, 1가지에 집중하여 돌파하려는 결단이 반드시 필요하다. 좀처럼 돈을 벌지 못하는 사람은 집중적으로 해야 할 일을 하기 전에 너무 빨리 포기해 버린다. 반면에 성공하는 사람은 그리 쉽게 포기하지 않는다. 실패를 거듭하면서도 거기서 배움을 얻고, 작은 성공 체험을 손에 넣을 때까지 계속한다.

비즈니스나 사업에서 성공적인 결과를 얻고 싶다면, 처음의 작은 성공을 언제 맛보는 지가 중요하다. 노는 시간도 자는 시간도 아껴가며 그것만 생각할 정도로 집중해 보라.

'물러설 곳을 정해두지 않으면 위험부담이 너무 크다'라고 말하는 사람도 있다. 하지만 나는 이 말이 틀렸다고 생각한다. 애당초 사업으로 자산을 구축할 생각을 한 것 자체가 이미 위험부담을 가지는 행위다.

투자하는 것을 '리스크 온Risk On'이라고 한다. 무언가에 시간과 가진 돈을 과감히 투자하는 것이 바로 리스크다. 이러한 리스크를 한없이 0에 가깝게 만드는 방법은 성공을 이루기까지 포기하지 않고 꾸준히 계속하는 것이다. 물론 무작정 앞으로 나아가기만 한다고 되는 일은 아니다. 공부하고 실제로 시도해 보면서 궤도를 수정하며 나아가야 한다.

처음이 가장 위험이 크다

'커다란 꿈이나 목표의 달성은 작은 행동의 축적으로 이루어진다.'

1장에서 말한 대로 연 수입 10억 원을 버는 사람들의 공통점은, 성공하지 못한 사람들이 싫어할 만한 '작은 행동'을 확실히 실행에 옮기는 습관을 지녔다는 것이다.

성과 이상으로 한 걸음 한 걸음에 초점이 맞춰져 있으면 실패로 주저앉는 데서 끝나지 않는다. 성공하는 사람, 꿈과 목표를 실현하겠다고 100% 결심한 사람은 모든 사건을 성공의 재료로 바라본다.

그러므로 운이라도 좋으니 가급적 빨리 '첫 성공'을 맛보는 것이 중요하다.

유니클로 창업자 야나이 다다시柳井正 회장의 저서《1승 9패一勝九敗》를 읽어본 적이 있는가? 이 책은 아홉 번 실패하더라도 한 번 승리하면 그 실패를 모두 상쇄하고 더 발전된 모습으로 나아갈 수 있다고 강조한다. 아주 훌륭한 책이지만, 거기에 적힌 내용을 아무 생각 없이 그냥 받아들이는 것은 위험하다.

'실패해도 마지막에 성공하면 그만이지 않은가?' 그렇게 반론하는 의견도 있을 듯하다. 물론 포기하지 않는 것은 중요하다. 아홉 번을 연속해서 실패해도 '마지막에 크게 성공하면, 끝이 좋으면 다 좋다'는 말처럼 문제가 되지 않는다'라고 받아들일 수 있다.

다만 여기서 말하는 1승 9패를 문자 그대로 받아들이면 성공하기 위한 최단 루트를 무시하게 된다. 그렇게 되면 첫 승리를 맛보기 이전에 실패만이 축적된다. 나는 이 책《백만장자 아웃풋》에서 반복적으로 강조해 온 '첫 승리를 손에 넣을 때까지'의 속도에 집중하기를 권하고 싶다.

비즈니스도 창업도 '첫 실패'가 가장 위험이 크다. 어느 정도 규모를 이뤄낸 후의 실패는 경험과 리스크 분산을 통한 균형이 작용하므로 회복하기 수월해진다. 내가 아는 한 큰 부자들은 경영자든 투자가든 '첫 승리'에 집중하여 자신의 행동을 연구했다.

가령 앞서 소개한 유니클로의 야나이 다다시 회장이 창업 시에 1승 9패의 정신으로 처음부터 계속 실패를 거듭했느냐고 한다면 그렇지 않다. 계속 실패했다면 자금도 바닥나고 부하직원도 떠나버려서 지금처럼 사업을 발전시킬 수 없었을 것이다. 대기업이 되었기에 더욱 해외거점의 철수, 신규 브랜드의 실험적인 투입, 임원 인사 등 실패를 거듭해도 회복할 수 있는 여유가 생긴 것이다.

여러분도 잘 아는 자파넷 다카타(일본 최고의 인터넷 쇼핑기업)의 다카타 아키라 사장은 작은 동네의 카메라 가게에서부터 시작했다. 나는 업무 관계상 자파넷 다카타 본사에서 다카타 사장을 직접 만난 적이 있다. 그때 도쿄에서 먼 걸음을 했다면서 '나가사키 짬뽕'을 대접받은 기억이 난다. 지금 생각해 보면 아주 좋은 추억이다.

그런 다카다 사장은 사업을 전국 규모로 발전시키기 위해 창업했을 당시에는 내일 당장 도산할지도 모르는 주머니 사정 속에서도 광고를 하는 등 필사적으로 회사를 운영했다고 말했다. 즉, 어떻게 해서든 처음에 1승을 거둘 수 있도록 집중했던 것이다. 그렇게 하기 위해 모든 시간과 노력과 운을 눈앞의 행동에 쏟아부었다. 처음에는 물러설 시기 같은 것은 생각하지 않고 성공만을 믿고 달려야 한다.

♦ 연수입 10억 원으로 가는 단계 20
실패로부터 배우는 것도 많지만, 승리를 선점하는 것을 가장 우선하기

큰
부자

작은
부자

행동 분석에
시간을 들인다

행동하는 것에만
집중한다

나는 유튜브를 시작할 당시 무명이었음에도 불구하고 1년 반 만에 구독자 수 20만 명을 달성했다. 지금이야 성공한 것처럼 보일 수 있지만, 실제로는 몇 번을 포기할 뻔했는지 모른다. 처음에 실패할 수도 있다는 생각으로 시작했다면 솔직히 도중에 마음이 꺾였을 것이다.

많은 사람이 유튜브를 시작해도 생각만큼 성공하지 못하는 이유는 그 고독함과 결과가 나오기까지의 지난한 시간 때문이다. 내 경우에는 결과로 눈에 보인 것이 '구독자 수 1,000명'이었다.

고작 1,000명 가지고 대단한 것처럼 이야기한다고 여길 수도 있지만, 그것만 해도 5개월이 걸렸다. 그 이후에는 오히려 빠른 속도로 구독자가 늘어났지만 말이다.

그 비결은 앞에서도 이야기했지만, 아래 '4가지'가 성공의 요인이있다.

① 시작할 때 1가지에 집중한 것
② 성공하기 위한 조건을 앞선 비즈니스 계통의 유튜브를 보며 공부한 것
③ 철수 시기를 설정하기 전에 행동을 계속한 것
④ 행동과 같은 속도로 개선을 지속한 것

백만장자 아웃풋

성공하기 위해 무엇보다 중요한 것이 바로 ② 성공하기 위한 조건을 앞선 '사례'를 통해 배우는 것이다.

이미 성공한 사례는 최고의 교과서다. 유튜브의 경우 동영상의 구성, 이해하기 쉬운 화법, 흥미를 유발할 수 있는 핵심 문구, 분야 선택 등 수많은 성공법칙을 배울 수 있다.

특히 중요한 것은 첫 승리를 위해 철저히 연구하고 모방하는 일이다. 성공한 이들의 90%는 모두 이렇게 시작했다.

개선의 기어를 올려라

다른 사람을 따라 하는 모방의 경우에도 개선과 분석은 반드시 필요하다. 대부분의 사람은 개선의 양이 절대적으로 부족하다. 무슨 일이든 시작할 때는 1가지 행동에 대해 하나의 분석, 2가지 정도의 개선은 시도하는 것이 적당하다.

개선에 시간을 너무 많이 쓸 필요는 없다. 행동하면서 부족했던 부분의 분석을 메모하여 살펴보도록 하자. 선배에게 조언을 구해도 된다. 메모를 손에 쥐고 서점에서 답을 찾아도 좋다.

행동하면서 개선의 힌트를 서점에서 찾아보는 것은 특히

효과적이며, 내가 자주 사용하는 방법이기도 하다. 메모한 관련 키워드를 검색하여 좋은 반응을 얻은 기사나 동영상을 살펴보는 식이다. 마찬가지로 집에서 알아보고 싶은 세미나에 참가하여 개선의 힌트를 찾는 것도 도움이 된다.

이처럼 철저한 분석 속에서 두세 개의 개선 방법을 찾아내고 다음의 행동에 반영해 보자. 이것이 바로 백만장자의 PDCAPlan-Do-Check-Action 사이클이다.

묻고 싶은 것, 알아보고 싶은 것이 늘 명확하면 그 후의 개선도 '개선 행동'이 된다는 사실을 깨닫기 바란다. 목적이나 윤곽이 흐릿하면 다시금 인풋 지옥으로 되돌아가게 된다. 언뜻 보기에 양쪽이 같아 보이고 투자하는 시간이나 활동량도 똑같이 보이지만, 내용은 전혀 다르다.

이번 장에서 소개한 '세 개의 벽'을 넘는 것은 진정한 의미의 부자가 되기 위해 특히 중요한 부분이다. 의미를 깊이 이해할 수 있을 때까지 반복해서 읽어보기 바란다.

성공하는 사람은 묻고 싶은 것,
알아보고 싶은 것이 명확하다

목적의식이 있는 사람의 해석		목적의식이 없는 사람의 해석
성공을 위한 액션	행동	단순한 자기만족
성공을 위한 답 맞추기 (서점, 세미나, 인터넷 검색)	검증	추억에 빠지는 작업
성공을 위한 비교 및 액션	개선	끝이 보이지 않는 인풋

💎 **연 수입 10억 원으로 가는 단계 21**

하나의 행동을 하면 하나의 분석, 두 개의 개선을 의식하기

곧장 행동하는 사람이 되는
7가지 습관

6장

부자는 어째서
일이 빠를까?

1/100 플래닝

●

성공하는 사람이
반드시 하는 마이크로 액션

좀처럼 행동하지 못하는 사람은 '마이크로 액션'을 중요하게 여겨야 한다. '1가지 1가지 작은 일을 축적해 나가는 것'의 중요성에 대해서는 이미 언급했다. 그때마다 무엇이 잘못되었는지를 찾아내고 개선하여 앞으로 나아가면 된다. 그렇다면 구체적으로 무엇을 하면 좋을까?

내가 실천 중인 행동하기 위한 비법이 바로 1/100 플래닝이다. 착수점을 쉽게 찾지 못해서 행동하지 못하는 사람은 행동을 100개로 분해해서 계획해 보자.

거대한 프로젝트를 눈앞에 두고 있으면 앞이 보이지 않는 프로세스에 어찌할 바를 모르거나, 어디서부터 손을 대야 할지 몰라 행동 자체가 멈출 때도 많다. 그럴 때 의식해야 할 것이 100분의 1로 착수점(행동)을 분해해서 목표에 도달하는 마일스톤Milestone을 생각하는 일이다.

'1/100 플래닝' 이미지

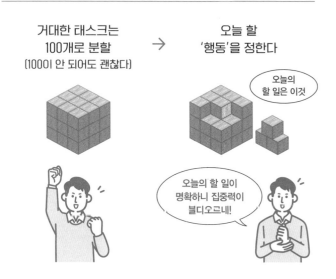

우선은 최초의 행동 착수점을 찾을 것. 한 걸음씩 전진하는 이미지를 가질 것. 이 2가지를 나는 특히 중시한다. 물론 '당신의 모든 프로젝트를 100개로 분해하라'라고 말하는 것

은 아니다. 요컨대 그런 의식으로 매일 착수할 수 있는 포인트를 찾아 매진하는 것을 우선하라는 말이다. 일의 규모에 따라서는 20개, 30개로 분해해도 괜찮다.

누구든지 행동하면 조금이나마 성장한다. 그리고 성장할수록 같은 시간 동안에 할 수 있는 일이 늘어난다(이것이 진정한 의미의 생산성 향상이라 생각한다).

성장하는 느낌을 게임 하듯이 즐기자. 1/100 플래닝이라면 가능하다. 이 느낌을 부디 잊지 않기 바란다.

빠르게 집중력을 높이는 비법

1/100 플래닝을 실천할 때의 장점이 또 있다. 바로 누구든지 집중력을 향상시키기 쉽다는 것이다.

손쉽게 집중력을 높이고 싶다면 지금 이 순간에 무게중심을 두어야 한다. 그런데 대부분의 사람들이 연말연시에 단 한 번, 1년 동안의 목표만 세운다. 물론 인생 전체를 가늠하면서 목표를 생각하는 경우, 1년의 시작은 시기상으로는 적절하다.

하지만 장기간에 걸친 목표는 인생의 나침반이 될 수 있지만, 마치 시간이 무한히 있는 것처럼 느끼게 만들기도 한다. 그러면 오늘이라는 당장의 하루를 소홀히 보내버릴 우려가 있다.

이런 불상사를 피하려면 오늘 하루에 철저히 초점을 맞추자. 오늘의 가능성을 어떻게 끌어낼지를 생각해 보는 것이다. 그러한 하루하루가 쌓여서 장기적인 목표 달성으로 이어지는 법이다. 장기간이 아닌 하루에 초점을 맞추는 것, 매일 철저히 목표 관리를 하는 것. 이 2가지만으로도 집중력은 날개를 단 듯 높아진다.

실제로 뇌과학적으로 보아도 한 가지 목표를 달성하면 '목표 달성 호르몬'이라고 불리는 도파민이 분비되면서 모티베이션이 끊어지기 전에 다음 행동을 할 수 있다고 한다.

이를 위해서도 우선은 1/100 플래닝을 실천해 보자. 오늘 하루 치의 목표를 정하는 일은 쉽고 빠르게 할 수 있다.

오늘 하루 동안 '보고 자료 완성하기', '원격 미팅하기' 등의 목표를 설정하고 이루어낸 자신의 모습을 그려보면 당신이 성공할 확률은 확연히 올라간다. 이때 목표 숫자와 '시작'과 '끝' 기한의 행동을 설정하는 것이 좋다.

백만장자 아웃풋

'오늘 중으로 이 보고 자료를 20페이지까지 완성하겠어.'

'오전 내에 완성하고 15시까지 상사에게 확인을 받아야지.'

'퇴근 시간 전에 전체 페이지의 수정을 마무리해야지.'

이렇게 착수점의 이미지와 숫자, 기한을 계획할 수 있으면 행동력은 단번에 향상될 것이다.

최첨단의 뇌과학이 밝히는 의욕의 구조

실제로 이러한 방법은 과학적으로도 유효성이 증명되어 있다. 최근의 뇌과학에서 뇌신경의 에너지는 전두엽에 위치한 '전두전야'가 지배한다고 말한다. 뇌의 사령탑이라고 할 수 있다. 그리고 이 전두전야는 과거의 경험을 통해 이미지만으로 '할 수 있다', '할 수 없다'를 판단한다.

예를 들어, 팔굽혀펴기를 하고 있을 때 '이제 더는 안 되겠어', '더 이상은 불가능해'라고 생각해도 옆에서 코치가 "앞으로 한 번만 더하면 서른 번이에요!"라고 숫자와 목표를 연상하기 쉽게 말해주면 신기하게도 의욕이 샘솟지 않는가?

같은 상황에서 "앞으로 한 번을 100번 하면 목표치인 1만 번을 성공하는 겁니다"라고 하면 온몸의 힘이 털썩 빠질 것이다. 결과적으로 트레이닝을 그만둘지도 모른다.

단 한 번, 뚜렷한 목표를 이미지로 제공하면 '그래? 그럼 조금만 더 힘을 내볼까?' 하는 마음이 생긴다니 우리의 뇌는 참으로 신기하다.

인간은 '먼 목표'보다 '조금만 더 노력하면 달성 가능한 숫자'와 '목표'라는 2가지 이미지가 있으면 에너지가 더 잘 생기고 행동을 지속할 수 있다.

💎 **연 수입 10억 원으로 가는 단계 22**
작은 단계를 쌓아서 의욕을 지속시키기

곧장 하는 습관의 기술 02

보상 효과

•

**'작업흥분'을 이용하여
집중력을 높이자!**

뇌신경의 의욕이나 혈류에는 도파민이라고 불리는 신경
전달물질이 깊이 관여하고 있다. 하지만 지금까지 그 메커니
즘에 관해서는 밝혀진 바가 없었다.

행동과 쾌감이 의욕을 낳는다

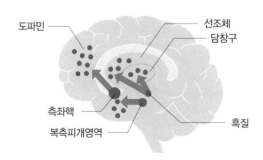

그런데 최근 측좌핵이라는 부위의 실험에서 도파민의 자극에 따라 신경세포의 흥분이 고조되고 행동을 촉구한다는 것이 밝혀졌다. 이러한 뇌의 보상 시스템을 잘 활용하려면 늘 성취감이나 고양감 등의 설레는 감정을 느끼도록 자주 '보상'을 부여하는 것이 중요하다.

이 책을 읽는 여러분들에게도 귀찮다고 멀리하던 일을 조금이나마 해보려는 마음이 생겼던 경험이 있을 것이다. 흥미롭게도 아무것도 행동하지 않으면 인간의 뇌는 고양되지 않는다. 아무것도 하지 않고 수첩에 적힌 스케줄을 바라만 보면서 의욕을 끌어내기란 상당히 어려운 일이다.

반면에 최초의 착수점을 향해 조금씩 몸을 움직이면 손발의 동작이나 시야를 통해 뇌에 자극이 들어온다. 그러면 뇌의 측좌핵이 반응하여 신경전달물질 중 하나인 아세틸콜린이라는 성분이 분비되기 시작한다.

이 아세틸콜린은 사람을 적극적으로 만들거나 집중력을 높이는 작용을 한다. 결과적으로 조금만 행동하면 의욕이 생긴다. 뇌과학 분야에서는 이를 '작업흥분Task Engagement'이라고 부른다. '1초 룰'도 '1/100 플래닝'도 이를 응용한 방법들이다.

즉 '플래너를 사용해 시간을 세세히 나누거나', '의욕이 생길 때까지 스케줄을 짜겠다'라는 생각은 순서가 잘못되었다. 모든 일은 시작하는 방법을 가장 먼저 생각해야 한다. 그리고 이 시작의 장벽을 낮추는 작업이 무엇보다도 중요하다.

의욕이 잘 생기지 않을 때야말로 시간이 아니라 행동의 세분화를 통한 작업흥분이나 앞서 소개한 1초 룰을 시도해보자.

집중이란 잘라내는 것

이는 집중력 역시 마찬가지다. 중심으로 모인다는 뜻의 글자 그대로, 집중이란 제각각 흩어진 조각을 하나로 모으는 일이다. 흐릿한 윤곽의 조각들을 한곳에 정리하는 일이라고 생각하면 된다.

이처럼 집중력이란 해야 할 행동을 정하고, 그 이외의 것은 버리는 것을 의미한다. '일단 영어책을 소리 내어 읽자', '일단은 할 일이 없으니 영업처를 한 바퀴 돌아봐야지'라는 생각으로 시작해도 집중력은 좀처럼 올라가지 않는다.

그것보다는 '오늘은 10페이지까지만 하겠어', '오늘 중으로 50군데에 연락해 보고, 세 곳만 약속을 잡아야지' 같이 명확한 목표를 세우자. 이처럼 '행동해야 할 것'과 '끝내는 것'이 정해져 있는 상태가 가장 좋다.

집중하는 상태란 이 둘을 선택하는 일이다. 중요한 것이므로 한 번 더 말하겠다. 이 순간 구체적이고도 명확한 '집중할 대상물'을 선택하고, 나머지는 머릿속에서 싹 지우자. 연봉이 높고 실적을 잘 내는 사람은 이러한 '집중할 일'과 '집중하지 않을 일'의 구분이 명확하다. 그래서 집중력을 유지하기 쉽고 아웃풋의 효율이 좋다.

💎 **연 수입 10억 원으로 가는 단계 23**
뇌가 꾸준히 성취감을 맛볼 수 있도록 하기

목표 상상

●

**하루의 마지막을 머릿속에 그려보면서
업무를 시작하라**

실제로 내가 집중력을 높이기 위해 사용하고 있으며, 누구나 실천할 수 있는 방법을 소개하겠다. 우선은 아침에 일어나면 '하루의 마지막'을 머릿속으로 그려보는 것이다.

구체적인 방법은 다음과 같다. 하루 일과의 마지막에 오늘을 되돌아보고 노트나 태블릿 등에 그날의 반성을 기록한다. 참고로 나는 스무 살 무렵부터 20년 동안 노트에 일기를 써왔다. 내용은 주로 반성과 개선점에 대한 기록이다.

이렇게 기록하자 아침에 일어나서 자연스레 곧장 하루의 마지막을 그려보게 되었다. '어제 이걸 마무리하지 못했다.

사전 준비가 부족했던 것 같다', '유튜브에서 이렇게 말할 걸 그랬다. 다음부터는 신경을 써야겠다' 등 오늘은 어떤 일을 노트에 적게 될지 상상하면서 행동하게 되었다.

즉, 하루의 마무리에서 역으로 계산해서 아웃풋을 내게 된 것이다. 이것은 누구나 따라 할 수 있는 궁극의 역산 사고법이라고 생각한다.

만약 틈이 나지 않아 매일 하기가 힘들다면, 일주일에 한 번이라도 괜찮다. 하지만 정말로 성공하고 싶다면 매일 하기를 권장한다.

그저 아무 생각 없이 일하는 것보다는 '이번 한 주를 이렇게 마무리해야지. 그러기 위해서 이 행동이 필요한 거야' 하고 머릿속에 목표를 분명히 그려내는 상태가 목표를 이루는 데 효과적이다. 이러면 뇌의 실행력이 향상되고 목표를 이루기 위해 집중력이 지속된다.

💎 **연 수입 10억 원으로 가는 단계 24**
'하루의 마지막'을 종이에 그려보고 오늘 집중해야 하는 일을 정리하기

유혹 결계

●

집중을 흐트러뜨리는
'마의 커피 타임'에 주의하기!

집중을 위해서는 휴대전화나 잡지 등 집중력을 저해하는 것들을 근처에 두지 않는 것도 중요하다. 직장인의 습관적인 커피 타임 역시 주의의 대상이다.

일하는 것도 힘든데 커피도 자유롭게 마시지 못하냐고 나를 원망할지도 모르겠다. 그러나 일에 집중하는 것보다 기호품을 우선한다면 결코 연 수입이 10억 원 이상인, 성공한 사람이 될 수 없다.

집중력이란 눈앞의 일에 온 신경을 기울이는 일이다. 그리고 다른 것을 배제하는 일이기도 하다. 그 시간만큼은 집중을 선택하고, 사소한 일이라도 다른 것들은 제외하는 것이라고 말했다.

연구 결과에 따르면, 사람의 집중력은 스마트폰 등의 애플리케이션이 살짝 울리기만 해도 90%나 떨어진다고 한다. 그만큼 흩어지기 쉬운 게 집중력이다.

거기서 원래 상태로 되돌리려면 30분 이상의 시간이 필요하다. 혹은 그 사이에 다른 유혹에 사로잡혀 그대로 작업을 멈출지도 모른다. 단 하나의 다른 작업이나 유혹이 쌓인다고 생각해선 안 된다. 인생 전부로 환산했을 때 얼마나 큰 손실을 가져오는지 모른다.

물론 정말로 목이 마른 상태라면 커피 한 잔쯤이야 마셔도 된다. 다만 그 외의 상황에서는 집중을 우선해야 한다.

커피는 언제든지 마실 수 있지만, 사람이 하루 중 집중할 수 있는 시간은 한정되어 있다. 휴식이나 미팅 시간을 이용해서도 얼마든지 마실 수 있다. 말리는 이도 없으니 배부르게 마셔도 상관없다. 굳이 집중력을 방해하면서까지 자신에게 너무 관대했던 것은 아닌지 평소의 태도를 확인해야만 한다.

백만장자 아웃풋

승부의 1시간 30분

나는 아침 5시에 일어나서 1시간 30분 동안 책이나 논문을 집필한다. 이 1시간 30분은 커피를 마시려고 자리에서 일어나기보다는 눈앞에 놓인 원고에 집중한다.

오전에는 투자자, 오후에는 경영자, 저녁부터는 유튜버로 활동하고 있기에 그 이외의 시간에 집필하기는 어렵기 때문이다.

당신의 상황을 대입해 봐도 이와 마찬가지다. 하루 중 온전히 집중할 수 있는 시간은 오히려 회사원이 더 한정적이다. 무언가 꼭 이루고 싶은 일이 있는데, 그 일에 집중할 시간을 잃어버렸을 때 입는 인생의 손실은 헤아릴 수 없을 정도다. 하지만 그런 것을 모르고 본래라면 집중해야 할 시간에 평소 습관대로 커피를 마시기 위해 자리를 빈번하게 비우는 사람이 적지 않다.

집중하는 1시간은 다른 어떤 시간보다 황금을 만들어내는 가치 있는 시간이다. 음료수를 마시거나 잡담을 나누는 시간마저도 아깝다고 생각하라. 인생의 골든 타임에 굳이 커피를 마시지 않는다고 해서 죽지는 않는다. 나중에 죽을 만큼 마시면 될 일이다.

말이 심하다고 느낄지도 모르지만, 이 책의 주제는 '연 수입 10억 원을 버는 백만장자가 되는 법'이다. 그렇게 생각하면 남이 쉬는 동안에 무엇을 하느냐가 매우 중요하다.

하기로 결정한 일이 있다면 한눈팔지 말고 매진하자. 그렇게 집중한 시간의 집대성이야말로 미래에 당신의 모습으로 변화할 테니 말이다.

💎 **연 수입 10억 원으로 가는 단계 25**
중요한 작업을 할 때는 눈앞의 일에 집중하느라 일어서지도 않는다

백만장자 아웃풋

곧장 하는 습관의 기술 05

배려의 리더십

•

유능한 리더는
상대방의 아픔을 느낀다

이 책을 펼친 독자들 중에서 조직의 리더로 활약하는 분도 있을 것이다. 대규모의 일을 빠르게 처리하기 위해 조직이나 팀을 결속시키는 데는 리더십이 필요하다.

내 말을 오해할 수도 있으니 미리 말하자면, '강한 리더'가 되지 않아도 된다. 내가 아는 성공한 부자들은 모두 배려하는 리더십의 소유자들이다.

여러분이 만약 파트너와 팀, 혹은 직원을 고용해서 조직을 만들고 팀 오너가 되는 것을 의식한다면 잊지 말아야 할 것이 있다. 바로 자만하지 않고 범사에 '감사하는 마음'이다.

당연한 것 아니냐고 말하지 말자. 리더로서 자만하게 되면 자신이 모든 것을 할 수 있고, 모든 것을 지배하고 있다는 '전능감omnipotence'에 빠지기 쉽다. 전능감은 골칫덩이다. 가진 순간부터 인격이 달라지거나 타인을 내려다보게 되니 말이다. 그렇게 나락으로 떨어진 경영자와 투자자를 많이 보아왔다. 그토록 열심히 공부하던 젊은 경영자가 갑자기 공부를 그만둔다. 낮에는 계속 부하직원을 험담하고 밤에는 기사가 운전하는 승용차를 타고 고급 클럽을 찾느라 바쁘다.

높은 자기효능감을 가지는 것은 매우 멋진 일이다. 그런데 여기서 소개한 전능감은 살짝 뉘앙스가 다르다. 성공을 모두 자신이 이루어냈으며 모든 상황을 스스로 생각하는 대로 통제할 수 있다고 생각하는 것은 큰 착각이다. 독재국가의 독재자처럼 발언하게 되면 주위 사람들이 멀어진다. 운은 사람이 가져다주는 것이다. 결국은 신용도 잃게 된다.

신경 쓰기, 관찰하기, 마음 쓰기

안정적으로 높은 수입을 얻는 사람들은 주위에 감사하는 마음을 잊는 법이 없다. 이전에 같이 맛집도 찾아다니며 친하게 지낸, 당시 청소년으로 도쿄증시 1부 상장을 이뤄낸 기업 넥시즈의 곤도 다카미近藤 太香巳 사장은 사람과의 커뮤니케이션에 대해 이렇게 말했다.

> "부하직원과 주위 사람들에 대한 신경 쓰기, 관찰하기,
> 마음 쓰기, 이 3가지가 가능한 사람이야말로 일류다."

이 말은 지금도 내 커뮤니케이션의 기초를 이루고 있다.

이런 말을 하면 상대방이 상처받을 것이다.
이런 태도를 보이면 부하직원이 화가 날 것이다.
이 부분만큼은 웃음거리로 삼아서는 안 된다.

특히 리더에게는 '민감함'이 요구된다. 상대방의 아픔을 '느끼는 힘'이라고 바꾸어 말할 수도 있다.
물론 리더라면 부하직원의 든든한 버팀목이 되거나 엄하게 질책해야 하는 순간이 찾아온다. 평소에는 온화한 편이라는 이야기를 듣는 나도 직원들을 엄하게 대할 때가 있다. 다만 꾸짖을 것이라면 상대방을 진심으로 위하는 태도가 아니면 안 된다. 상대방의 성장을 바라는 마음에서 하는 말이

라면 엄격함 속에도 흔들리지 않는 신념이 자리하고 있을
터다.

리더가 되었다면 심리학을 공부하라

한때 많은 직원이 동시에 퇴사한 적이 있다. 부하직원을
어떻게 대해야 할지 고민하면서 아예 질책하지 않아야 하는
것인지 생각할 정도였다. 그런데 지금은 다르다. 적어도 지
금의 내 수첩에는 직원들과의 커뮤니케이션의 원리원칙이
이렇게 적혀 있다.

'부하직원의 성장을 포기하지 말 것. 부하직원에게 영향
을 주는 것을 망설이지 말 것.'

진심으로 상대방의 성장을 바라지 않으면, 부하직원의 반
응에 일일이 흔들리거나, 회사를 그만두는 것은 아닐까 하고
두려워지기만 할 뿐이다.
자기 기분에 따라 멋대로 구는 엄격함과 상대방을 진심
으로 생각하는 엄격함은 전혀 다르다. 스물일곱 살에 창업한

백만장자 아웃풋

내가 20년 이상 회사를 경영해 올 수 있었던 것은 모두 직원들 덕분이다. 동료가 없으면 리더도 없다. 상대방이 있을 때 나도 존재하는 것이다. 당연하기에 망각하기 쉬운 감사의 마음을 잊지 않도록 하자.

상대방의 표정과 몸짓, 혹은 말 한마디를 통해 감정의 변화를 정확히 읽어내려면 대인관계나 리더십에 관련한 책을 읽는 것보다도 심리학을 공부하는 편이 좋다. 일이라는 것이 결국 사람과 사람 사이의 커뮤니케이션이니, 상대의 마음을 존중하고 이야기를 들으면서 지시하는 것이 중요하다.

💎 **연 수입 10억 원으로 가는 단계 26**
늘 겸허하게 행동하기. 야단을 칠 때는 진심으로 상대방을 위하는 마음이어야 한다

충동 모티베이션

●

보수가 아닌
기분 좋은 이미지를 제시하라

부하직원이나 팀원에게는 적절한 보수를 대가로 제공하면 된다고 생각하는 리더가 많다. 그런데 그것만으로는 팀 내에 균열이 생기게 된다. 불공평한 감정이 소용돌이치거나 서로 발목을 잡으려는 모습이 나타나기 시작한다. 또 경기가 좋을 때는 괜찮지만, 나쁠 때는 조직 전체가 제각각 놀기 십상이다

이유는 명백하다. 돈과 지위만으로 커뮤니케이션을 하려고 한 탓이다.

조직의 근간을 이루는 부분에는 '무엇을 위해 이 회사에

서 일하는가, 사업과 팀이 어느 방향을 향하고 있는가, 나 자신의 성장으로 이어지는가' 등의 장래 비전이 반드시 필요하다. 물론 이 장래 비전은 장대한 것이 아니라도 괜찮다. 직원이 몇 없는 꽃집이라면 '소중한 사람에게 꽃을 통해 마음을 전달하는 가게가 되고 싶다'. 작은 음식점이라면 '지역의 즐거움과 먹을거리의 안전에 기여하는 식당이 되고 싶다' 등이다. 오너 나름의 이루고 싶은 꿈이나, 각각의 팀원에게 기대하는 바가 있을 것이다.

몇 년 후의 비전을 이야기하고 그것을 실현하기 위해 고객에게 어떤 서비스를 제공할 것인지, 지역과 사회를 어떻게 변화시키고 싶은지 등을 말로 하기만 해도 팀에는 커다란 지향점이 생기고 당신의 열정이 침투된다.

무엇보다도 말로 하면 당신의 행동력도 높아진다.

비전은 종이에 써서 제시하라

리더를 꿈꾸지 않는 독자라도 우선은 자신의 목표와 비전을 종이에 써서 주위에 공유해 보자.

부끄러워할 필요 없다. 상대방에게는 솔직하고 매력적인

모습으로 보일 테니까.

'제복효과Uniform Effect'라는 심리효과를 아는가? 외모나 말이 달라지면 그에 걸맞은 성격과 행동을 하게 된다는 의미다. 뇌과학적으로 생각하면 외형이나 동작을 포착한 뇌가 그것을 현실화하고자 지령을 내리는 상태라고 할 수 있다. 당신이 그리는 이미지에 가까워지는 것을 '기분 좋게' 느끼고 있다는 증거다.

'뇌를 속이는 것'이라고 하면 살짝 과장되게 들릴 수도 있겠다. 하지만 효과는 기대할 만하다. 이와 비슷한 사례로 '간수와 수감자' 실험이 유명하다. 피험자를 각기 간수와 수감자 그룹으로 나누어 움직임을 관찰한 실험이다. 그런데 이 실험은 고작 며칠 만에 중단되고 말았다. 간수 역할을 맡은 피험자 그룹이 서서히 고압적이고 공격적인 태도를 보이기 시작하면서 수감자에게 폭력을 행사하는 일이 생겼기 때문이다.

이처럼 인간의 뇌는 자신의 구미에 맞게 프로그램을 바꾸어버림으로써 좋든 나쁘든 가공의 이미지를 현실화하려고 한다. 이러한 뇌의 작용을 이용해서 더욱 긍정적인 행동으로 바꾸는 것이 '충동'을 이용하는 방법이다. 나는 그것을 '충동

백만장자 아웃풋

모티베이션'이라고 부른다.

자신의 말과 행동, 외형이 달라지면 그에 걸맞은 사람이 되려고 뇌가 멋대로 움직이기 시작한다. 그런 위화감이나 외형과의 차이를 메우려고 하는 것이다. 그런데 그렇게 하려면 당신이 '그 이미지가 현실적이고 기분 좋은 것'이라고 믿어야만 한다.

예를 들어 백만장자가 되고 싶다면 계획을 종이에 쓰고 그것을 달성한 자신의 모습을 오감을 동원해 그려보는 것이다.

10억 원이라니 너무 큰 꿈 같아서 당당하게 적기 부끄럽게 느껴지는가? 그렇다면 일단 금액은 제쳐두고, 연 수입 1억 원을 버는 자신의 모습, 혹은 가게 등을 차려 성공하는 모습이나 목표로 하는 이미지를 종이에 적어보자.

나는 연 수입 10억 원을 달성하겠다는 생각으로 살 예정이 없었는데도 고급주택지의 타운하우스나 고급 가구를 머릿속에 그려보기도 했다. 원하는 것을 구체적으로 상상할수록 좋다. 그것을 손에 넣은 내가 기분 좋게 느끼면 그에 적합한 사람이 되고자 뇌가 착각을 하기 시작하고 충동으로 인해 행동한다.

곧장 행동하지 못하는 사람은 이런 충동을 이용해 보면 어떨까?

💎 **연 수입 10억 원으로 가는 단계 27**
되고 싶은 나의 모습을 그림으로 그려보기

진정한 파워

●

내면에서 끓어오르는
충동적인 에너지를 행동으로 바꾸자

내면에서 끓어오르는 충동적인 에너지를 높이려면 갖고 싶은 것의 실물을 보거나 동경하는 풍경을 보고자 갈망하거나, 존경하는 사람을 직접 만나러 가는 것이 좋다.

내가 아는 스스로의 힘으로 연 수입 10억 원을 달성한 백만장자의 90%가 종이에 자신의 목표나 꿈을 적고, 장래에 성공해서 사고 싶은 큰 집이나 여행지의 풍경, 지향하는 경영자의 사진 등을 눈에 보이는 곳에 붙여 두었다.

메이저리그에서 활약 중인 야구선수 오타니 쇼헤이大谷翔平나 전 축구 국가대표인 나카무라 슌스케中村俊輔 등 일류 스포츠 선수도 어린 시절부터 같은 방법으로 충동을 구사하여 스타가 되었다.

실제로 나는 스물일곱 살에 업무상 수십억짜리 모델하우스를 견학한 적이 있다. 당시에는 그리 내키지 않았던 기억이 난다. 그런데 이 별일 아닌 듯한 사건이 말 그대로 내 인생을 크게 바꾸었다.

참고로 여러분은 수십억짜리 모델하우스에 가본 적이 있는가? 광활하다고 느껴진 거실도 물론 인상적이었지만, 특히 나는 현관을 보고 충격을 받았다. 대리석이 깔린 로비만 해도 당시 내가 살던 방 하나의 크기와 비슷했다.

게다가 영화에서나 보던 드레스룸이 있었고, 거실에 들어가면 곧장 눈에 들어오는 벽에는 금가루가 뿌려진 박력 넘치는 그림이 장식되어 있었다. 안쪽에 있는 다이닝 룸에는 인테리어 디자이너가 맞춘 고급 가구가 자리했으며 대리석 테이블 위에는 은으로 된 식기가 장식되어 있었다.

나는 이때 무언가에 머리를 크게 부딪힌 것 같았다. 그 광경은 지금도 기억에 생생하다. 영화가 아니라 현실에도 이런 세계가 있구나 싶었다. 당시의 충격이 줄곧 나를 성공을 위해 달리게 했다.

등에 날개를 단 인간이 되어라

나는 반드시 성공하는 사람은 자신의 가능성을 무한대로 펼치는, 행동 자체가 빠른 사람이라고 믿는다.

지금까지 곧장 행동하기 위한 습관의 기술을 소개했는데, 무엇이 느껴지는가? 안타깝게도 90%의 사람들이 이 이야기를 듣고도 '뭐 자주 듣는 이야기지' 하고는 실제로 행동하지 않는다.

그런데 연 수입 10억 원을 버는 사람은 좋다고 생각되면 해보는 데까지는 해보려고 한다. 충동의 힘도 마찬가지인데, 성공하기 위해서는 작은 일이라도 시도하고 성공을 손에 쥐는 '가벼운 발걸음'이 중요하다.

10억 원을 벌고 싶은 이유와 목표를 펜으로 적은 후 "자, 당장 행동으로 옮겨볼까?" 하고 즉시 행동하면 된다. 이런 가벼운 발걸음이 충동을 제 편으로 만든 사람과 그렇지 못한 사람의 차이다.

물론 내 수첩에도 인생에서 꼭 달성하고 싶은 목표와 직원들을 대하는 법, 목표로 삼고 있는 인물의 사진이 붙어 있다. 행동하는 것이 쉽지 않은 사람은 부디 충동의 힘을 빌려

보기를 바란다. 당신의 인생이 바뀔 수 있는 첫걸음이 될 것이다.

💎 **연 수입 10억 원으로 가는 단계 28**

이 책에서 소개한 '연 수입 10억 원으로 가는 단계'를 지금 당장 실천하기

연 수입 10억 원을 버는 사람의
인풋 활용술

이제껏 성공에 있어 아웃풋이 중요하다고 이야기했다. 그렇다고 해서 인풋을 경시하는 것은 아니다. 나는 별도의 원고 작업이 없는 시기에는 매일 아침 5시부터 6시까지 1시간 동안 뉴스 미디어와 신문을 통해 정보를 수집한다. 아침의 인풋 작업은 되도록 루틴으로 만드는 것이 좋다.

내 경우에는 먼저 디지털판 '닛케이 신문'에서 궁금한 정보만을 대략적으로 살펴본다. 업계의 최신 정보나 경영에 관련해서는 '뉴스픽스'나 '다이아몬드 시그널'을 즐겨 읽는다.

최근에는 바빠서 책을 읽는 시간이 많이 줄었는데, 그래도 이전에는 이틀에 한 권은 독서를 하면서 인풋의 속도를 유지했다. 그때 축적한 데이터베이스는 정보의 취사선택을 비롯해 사업가나 투자자로서의 결단이나 상황판단에 쓰인다.

결국 결단도 판단도 과거의 경험이나 인풋을 통한 데이터베이스로부터 가장 확률이 높은 것을 취사선택하는 행위다. 그렇게 생각하면 인풋한 데이터의 양이 정확도를 좌우한다는 것을 알 수 있다.

물론 오해하지 말아야 할 것은 ① 행동을 통해서도 인풋은 가능하다는 것, ② 인풋을 행동으로 연결시키지 않으면 도움이 안 된다는 2가지 점이다.

특히 행동을 통해서도 인풋이 가능하다는 사실은 매우 중요하다. 행동하면서 이미 소개한 검증과 개선을 지속하면 인풋의 양은 자연스레 늘어난다. 행동에 중심축을 두고 인풋하면 다음 행동을 고려한 효율적인 정보 수집이 가능하다. 새로운 배움을 다음 행농으로 바꿔나갈 수 있다.

노하우 마스터가 성공하지 못하는 이유

인풋만으로는 돈을 벌 수가 없다. 성공한 부자들은 인풋을 '행동하기 위한 연료'라고 여긴다. 즉, 인풋만으로는 주인 공이 될 수 없다는 말이다.

나는 "10억 원을 버는 데 가장 중요한 것은 무엇인가요?" 같은 질문을 자주 받는다. 대답은 단순하고 명료하다. 바로 행동이다. 돈을 벌기 위한 스킬은 정보와 노하우를 행동으로 바꾸는 것이다.

알고 있어도 도전하지 않으면 성공을 손에 넣을 수 없다. 결국 연 수입 10억 원을 손에 쥐는 사람과 아닌 사람의 차이는 행동에 달렸다. 아주 유용한 정보를 알고 있어도 실패가 두려운 나머지 행동하지 않으면 의미가 없다. 행동해서 성공을 맛보려는 사람은 실제로는 10% 정도다. 100명의 사람이 있으면 10명뿐인 것이다. 1가지 일에 집중하는 결단과 각오, 행동으로 마지막까지 해내는 사람은 거기서 또 10%로 줄어든다. 즉, 100명이 있으면 1명만이 해당한다. 안타깝게도 이것이 현실적인 수치다.

이런 이야기를 들으면 성공의 가능성이 매우 낮아 보인다. 마치 복권에 당첨되는 확률 정도로 느껴질 수도 있다. 하지만 100명 중 1명이 성공할 수 있다는 것은 1,000명의 사람이 있으면 10명, 1만 명이 있으면 100명이 행동하면 성공할 가능성을 품고 있다는 말이다.

성공의 기준도 사람마다 다르다. 이 책에서는 담당 편집자에게 억지를 부려 제목에 '연 수입 10억 원'을 넣었다(원서의 제목이 '연 수입 10억 원 이상의 사람들은 이것만 한다'이다-편집자 주). 하지만 그 절반인 5억만 벌어도 성공한 사람들의 부류에 속할 수 있다. 확률도 단순하게 계산해서 2배로 높아진다. 그렇다면 3억은 어떤가? 대부분의 사람들이 결단하지 못하고 행동을 지속하지 않는다. 당신이 해야 할 일을 하기만 해도 성공할 확률이 높아지는 것이다.

스킬이나 노하우는 너무 많아도 오히려 행동하기 어려워진다.

쉽게 익히기 어렵거나 습관화하는 데 시간이 걸리는 스킬은 이미 가지고 있는 사람에게 묻거나 서로의 약점을 보완하는 형태로 파트너나 직원에게 맡기면 된다. 모든 것을 완벽히 준비한 후에 시작하려고 해서는 안 된다. 그러면 인생을 몇 번이나 반복할 수 있어도 부족할 테고, 경쟁자가 당신의 아이디어를 이미 시작했을 가능성도 있다.

내가 회사 경영을 시작했을 때, 나에게는 경영 스킬도 홍

보업계의 인맥도 일절 없었다. 모두 20년이라는 시간을 들여서 행동하며 따라잡은 것들이다. 일단 착수하면 눈덩이가 내리막길을 굴러가면서 커지듯이 필요한 스킬이나 정보가 모인다.

결점은 하나씩 없애면 된다

교세라 기업을 창업한 이나모리 가즈오稲盛和夫는 이렇게 말했다.

> "인생은 오늘 하루가 쌓여서 이루어지는 것이고, '지금' 의 연속일 뿐이다. 신이 손을 내밀고 싶어질 만큼 열심히 하라."

실제로 교토의 작은 공장에서 시작한 이나모리 가즈오는 고객의 말도 안 되는 의뢰를 감사히 받아들였고, 계속 궁리하고 개선하면서 파인세라믹이라는 교세라의 브랜드를 크게 성장시켰다.

내 경우에는 스물세 살부터 시작한 주식투자를 전부 독학

했다. 주식만으로 50억 이상의 자산을 구축한 것은 아무런 스킬도 없는 상황에서 일단 할 수 있는 부분을 찾아내고 25년에 걸쳐 결점을 하나씩 제거한 결과다.

인생은 유한하다. 모든 교양을 익히기란 절대적으로 불가능하다. 그렇다면 어떻게 해야 할까? 업무상 노하우나 스킬이 필요하다면 그때마다 공부해서 따라잡거나 다른 사람에게 묻거나, 노하우를 가진 사람을 고용하는 수밖에 없다.

그것만으로도 행동을 시작하기 전의 준비에 수천 시간을 쓴 것이나 다름없다. 지금은 프로그래밍이든 디자인이든 프리랜서가 많아서 몇 년 전에 비하면 절반의 값에 일을 맡길 수 있다. 처음에 소액에서 시작해 조금씩 개선과 유지보수를 하며 이상적인 형태를 만드는 것이 합리적이다.

'노하우가 없다.'
'이직 너무 이르다.'
'실패할 것이 틀림없다.'

당신은 이 3가지의 말을 너무 쉽게 사용하고 있지는 않은가? 일반적으로 어떤 하나의 일에 통달하는 데는 약 1,000시간이 걸린다고 한다. 이 1,000시간을 통째로 돈을 벌기 위한 행동에 사용하면 돈은 더 많이 늘어난다. 행동이 늘어나면 돈이 늘어난다. 그 반대로 가는 경우는 없다.

여기서 말하는 돈을 벌기 위한 행동이란 당신의 특기 분야를 뜻한다. 당신의 부가가치를 당신이 잘 못 하는 분야에서 키우려는 것은 비효율적이다. 잘하는 분야에 집중하여 한 단계씩 높여가면 된다.

최소의 노력으로 돈이 불어나는
복리의 법칙

7장

부자는 효율적으로
돈을 버는 프로!

매일 1%의 노력

●

부자도 복리의 힘을
이용한다

투자나 사업으로 큰 성공을 거둔 사람의 자산이 어떻게 늘어났는지를 살펴보면, 복리 그 자체임을 알 수 있다. 비즈니스도 성장도 투자도 복리가 지배한다. 초등학교에서 처음 숫자를 가르칠 때 1, 2, 3, 4… 하고 순서대로 알려준다. 하지만 비즈니스의 세계에서는 1, 2, 4, 8, 16, 32, 64, 128… 하고 복리로 늘어난다.

복리효과는 원래 자산운용에 자주 쓰이는 말이다. 투자를 통해 얻은 수익을 종잣돈에 더해서 다시 투자한다. 이렇게 반복하면 이익이 이익을 낳아서 시간이 지날수록 늘어나는 속도가 기하급수적으로 빨라진다.

투자의 신이라 불리는 워런 버핏Warren Buffett은 10대 시절부터 투자를 시작했다고 한다. 그런데 현재 자산의 90%를 60세가 넘어서 손에 넣은 것도 복리의 효과를 잘 활용했기 때문이다.

이처럼 자산을 운용하는 데 있어서 든든한 아군이 바로 복리다. 이것은 우리의 성장 역시 마찬가지다. 부자가 된다는 것은 평소의 사고나 행동이 누적된 결과이다. 평소 행동의 결과로서 1년 후에 복리의 효과가 작용하고, 나이가 들면서 점차 성장의 속도가 빨라진다.

워런 버핏의 자산 추이

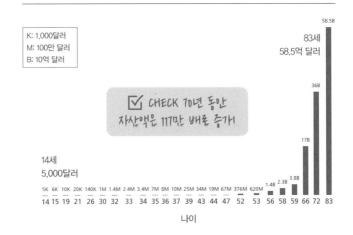

나이

백만장자 아웃풋

가령 매일 1%의 성장을 1년 동안 지속하면 1년 후에는 몇 배가 될 것 같은가?

답은 37.78배이다. 세세한 계산은 차치해 두고 이것이 복리의 힘이라는 것만 기억하도록 하자. 매일 1%의 노력을 지속하기만 해도 인생은 차원이 다른 큰 성장을 경험하게 된다는 이야기다.

인생을 바꾸는 복리의 힘

1.01의 365승 = 37.78 ◄ 1.01의 법칙

0.99의 365승 = 0.03 ◄ 0.99의 법칙

마이너스의 복리효과에 주의

반대로 그리 잘 알려지지 않았지만, '마이너스의 복리효과'도 있다. 매일 어제보다 1%씩 더 행동하지 않으면 1년 후에는 0.03배까지 성장이 저하되어버린다.

소파에 누워 TV만 보거나, 매일 밤을 술에 취해 살며 소중한 시간을 계속 낭비한다고 해보자. 도박에 빠지거나 투자 사기로 돈을 잃는 경우는 어떠한가? 이러한 마이너스의 복리효과는 지금까지 소개한 효과와는 정반대의 작용을 한다. 즉, 시간이 지날수록 점점 성장력과 돈이 줄어들며 건강조차 급속히 나빠진다.

거기다가 잘못하다간 마이너스의 연쇄를 일으킬 위험도 있다. 빚 역시 그중 하나다. 자산운용에 있어서 복리는 '눈덩이식'으로 자산을 증식시킨다. 그 메커니즘은 빚에도 똑같이 적용된다. 빚의 경우 늘어나는 것은 이익이 아니라 '이자'이다. 이자가 또 이자를 낳으면서 점점 빚이 늘어나는 악순환에 빠진다.

복리의 메커니즘은 같아도 잘못 사용하면 파멸로 가는 지름길이 될 수도 있는 셈이다. 그런 측면도 유념해서 플러스의 효과를 이끌어내도록 하자.

◆ 연수입 10억 원으로 가는 단계 29
당신에게 있어 복리의 장단점이 무엇에 해당하는지 이해하기

1시간 앞당겨
행동하기

●

투망 어업으로
성장의 자산을 늘려라

이처럼 성장도 돈도 복리의 원칙에 지배당하고 있음을 알면, 평소의 행동에 대한 사고방식도 달라진다. 좋은 행동은 긍정적인 복리효과가 작용하고, 나쁜 행동은 부정적인 방향으로 굴러간다는 점을 인식하기 때문이다.

그렇다면 복리효과를 자기 편으로 만들기 위해서는, 어떻게 하면 좋을까?

- 매일 30분 동안 당면한 일에 도움이 되는 책을 읽는다.
- 아침에 30분 일찍 출근해서 업무 준비를 마친다.
- 점심시간은 조용히 혼자 보내며 인생의 스케줄을 바로

잡는다. 매일의 행동을 기록한다.

- 부업이나 창업을 생각하는 사람은 저녁에 카페에 들러 1시간 동안 준비한 후에 귀가한다.

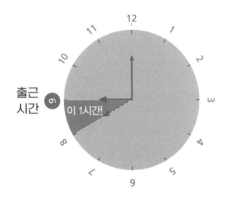

이처럼 우선은 작은 한 걸음부터 시작해서 조금씩 그 양과 속도를 늘리면 된다. 한 걸음 한 걸음의 행동은 작아도 1년이라는 시간이 지나면 앞서 말한 복리의 효과로 커다란 차이를 얻을 수 있다.

우리가 공부하고 경험을 통해 배운 것은 내일 당장이라도 활용할 수 있는 것뿐이다. 이것들을 적극적으로 활용하면 복리적으로 경험을 확장시킬 수 있다. 누적된 경험은 다음에 활용되고, 더 좋은 기획과 행동의 아웃풋으로 이어진다. 성공도 실패도 현명하게 활용하면 돈으로 바뀌는 법이다.

이때 포인트는 바로 늘 조금씩 서둘러 행동하는 것이다. 인생에서 먼저 행동하면 더 많은 경험을 할 수 있고, 복리의 힘으로 다양한 것에 활용이 가능하다. 그러기 위해서 가급적 행동하고 또 다양한 사람을 빨리 만나고, 가능한 많은 체험과 가치를 교환하고자 마음먹도록 하자. 늘 먼저 경험하여 스스로 인생을 디자인해 보는 것이다.

뇌의 '자동추적기능'을 사용해 시간을 효율화하기

성공한 사람은 무조건 업무를 효율화하려고 한다. 하루에 시간을 들일 수 있는 행동에는 한계가 있다. 그래서 효율적으로 눈앞의 일을 해낼 수 있도록 일정을 짠다. 내 경우에는 거듭 이야기한 것처럼 착수할 때까지는 될 수 있는 대로 서두른다. 1초 룰이나 아웃풋을 앞당기기 위한 스키밍 등은 거의 매일 사용한다.

반면에 아이디어 등 열과 성이 필요한 경우에는 얼마간 방치하기도 한다. 예를 들어 프레젠테이션을 기획하거나 책을 집필할 때는 서둘러 주제를 정하고 어느 정도의 구상을 메모해둔 후에는 몇 주 동안 그대로 방치한다. 그러면 당장 글을 쓸 때보다 뇌가 더 많은 안테나를 세우기 때문이다.

서점에서 아무렇지 않게 읽은 칼럼, 경영자 간의 회식, 매일 읽는 언론 정보로부터 재료를 수집한다. 나는 이러한 '뇌의 추적기능'의 편리함을 알게 되고부터 최대한 활용하려고 애쓰고 있다. 마치 투망을 던져놓고 물고기를 잡듯이 말이다. 처음에 주제를 정하고 얼마간은 방치하기. 참으로 쉬운 방법이니 따라해 보길 바란다.

◆ 연 수입 10억 원으로 가는 단계 30
1시간, 1일, 1주일 앞당겨서 행동하기

성장의 빅뱅 포인트

●

인생의 선구자에게는
추천 도서를 물어보자

시간의 경과와 더불어 쌓인 것들은 일과 인맥 등에 긍정적인 효과를 발휘하여 복리 형태로 불어난다. 이는 돈도 마찬가지다. 내 경우에는 어느 시점을 기점으로 말 그대로 폭발적으로 늘어나기 시작한 타이밍이 있었다.

내가 '빅뱅 포인트Big Bang Point'라고 부르는 그 포인트는 생활 수지收支의 한계점을 돌파한 타이밍과 맞물린다. 이는 돈만이 아니다. 성장 속도, 스킬, 경험, 인맥 등은 모두 당신의 자산이다. 그리고 자산의 특성상 S자 곡선으로 빅뱅 포인트의 분기점을 넘어간다.

빅뱅 포인트는 사람마다 다르다. 다만 분기점을 넘어서면 돈을 사용하는 속도보다도 '벌어들이는 속도', 인풋보다도 '아웃풋', 만나러 가는 것보다도 '만나러 오는 사람'이 확실히 많아진다.

나는 틈이 나는 대로 운동을 하는 편인데, 달리기나 스쾃을 처음 할 때에는 10분 20분만 해도 숨이 차서 힘들었다. 그런데 계속할수록 편해지면서 어느새 1시간은 가뿐히 달리고 스쾃 50개쯤은 아무것도 아닌 수준이 되었다. 이것도 나중으로 갈수록 성장 곡선이 올라가는 복리효과로 내 지구력과 근력을 늘린 것이다. 이것을 성장 곡선이라고 부르곤 한다.

성장의 S자 곡선

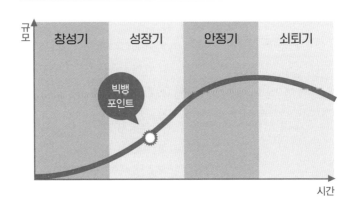

짧은 기간에도 이 정도의 차이가 나니, 5년 10년이 지나면 상상조차 하기 힘든 차이가 생긴다. 이렇게 나중에 손에 넣게 될 복리효과를 기대하고 오늘의 반걸음, 내일의 한 걸음을 매일 꾸준히 행동하는 것. 그런 사람이 커다란 성공을 손에 쥘 수 있다.

전 프로야구 선수인 스즈키 이치로鈴木一朗는 천재라고 불리는 것을 싫어했다. 대단한 선수가 되기 위해 그보다 노력을 많이 한 사람은 드물 것이다. 그런 스스로에 대한 자부심이 있기에 천재라는 꼬리표가 붙는 데 거부감이 있는 것이리라.

어떤 성공한 사람이든 보이지 않는 곳에서 피와 눈물을 쏟으며 노력한다. 하지만 우리는 결과만을 본다. 그들이 시간을 들여 쌓아온 행동에도 눈을 돌려야만 한다. 고쳐야 할 나쁜 습관은 어떤 것인가? 오늘의 내가 초점을 맞춰야 할 것은 무엇인가? 무엇을 선택하고 무엇을 버려야 하는가? 끊임없이 고민해야 한다.

돈도 비즈니스도 복리로 키워가는 법이니, 그런 습관을 꼭 기르기 바란다.

인맥을 잘 활용하기

늘 자신의 성장과 해야 할 일에 초점을 맞추면, 물어봐야 할 최적의 타이밍에 상사나 주변 지인들에게 조언을 구할 수가 있다. 인맥의 좋은 점이 바로 그것이다. 성장의 빅뱅 포인트를 넘어서서 알게 되는 사람이 많아질수록 문제의 해결 능력이 높아지기 때문이다.

경험이 그다지 많지 않은 분야라도 주위에 전문성을 가진 선배나 지인을 통해 정보와 조언을 얻을 수 있다. 이때다, 하고 지식을 가진 사람을 잘 활용해 보자. 처한 상황과 상태를 이야기하고 과제 해결에 추천할 만한 책을 물어보기만 해도 된다. 진위나 출처가 명확하지 않은 정보라도 입소문이나 리뷰를 보고 책을 찾는 것보다 훨씬 정확하게 문제를 해결할 수 있다.

얼마 전, 지인인 한 경영자가 오랜만에 "가미오카 씨, 점심 같이 먹을래요?"라고 물었다. 나는 곧바로 '아, 무언가 벽에 가로막혀서 정보와 해결책을 찾고 있구나' 싶었다. 내 전문분야는 마케팅과 홍보다. 그리고 유튜브 성공법, 주식투자도 특기 분야다. 나는 그런 지식이라면 아낌없이 제공한다.

언젠가 내가 어려움에 처하면 더 전문성을 가진 친구로부터 도움을 받을 날이 올 것이다. 이렇게 말뿐만이 아닌 '기브 앤 기브'의 본질을 이해해 두는 것도 성공을 위한 중요한 요소다.

행동하면서 누군가에게 묻고 배우는 중요성을 성공한 사람들은 모두 알고 있다. 이미 경험한 사람에게서 조언을 듣는 편이 해야 할 일을 명확히 정하는 데 도움이 된다. 성공한 사람의 조언을 들으면서 궤도를 수정하면 되기 때문이다.

단 무작정 여기저기 묻고 다니는 것은 좋지 않다. 이때만큼은 속도를 추구하기보다 곤란에 직면한 과제를 해결해 줄 수 있는 사람을 찾아 배워야 한다. 우선 스스로 생각하면서 필요한 정보를 수집하고, 사람들을 계속 만나면 된다.

◆ 연수입 10억 원으로 가는 단계 31
사람, 재화, 돈이 모두 따라오는 '보너스 타임'을 행동을 통해 손에 넣기

일의 선택과 집중

●

자신의 가능성은 넘어서도
정점은 넘지 마라

성공한 백만장자들은 호기심이 왕성하다. 뭐 재미있는 일이 없나, 하고 언제나 안테나를 세우고 다닌다고 하면 이해가 쉬울 것이다. 그러다 될 것 같은 아이템이나 사업 모델을 발견하면, 우선 해본다. 그 뒤에 해당 분야의 노하우와 룰을 알고 나면 점차 다른 사람에게 맡긴다. 나눠서 할 수 있는 일은 직원이나 외부 스태프에게 맡기고 관리와 수익 모델의 긴전 등 자신만이 할 수 있는 일에 집중한다.

자신이 전부 다 해내고 싶을 수 있지만, 물리적으로 '가능한 양'에는 한계가 있다. 중요한 것은 반드시 성공하기 위해 스스로 근면하게 일하고, 맡긴 사람이 일을 잘 해내도록 철저히 가르치고, 관리하면서 함께 수입을 얻는 시스템을 만드는 일이다.

이렇게 하면 자신도 주위 사람들도 행복해진다. 물론 어느 정도 일을 배우고 나면 회사를 그만두거나 독립하는 사람도 있을 것이다. 그런데 그것을 막고자 보수를 너무 많이 늘리면 안 된다.

직원의 퇴사나 독립이 두려워 혼자서 일을 끌어안고 처리하는 사람들이 적지 않다. 그런데 너무 바쁜 나머지 정말로 하고 싶은 일에 손을 대지 못하거나, 과로로 몸이 망가진다면 주객전도이다. 가족과의 소중한 시간, 중요한 건강관리 등은 당신에게 여유가 있을 때만 실행할 수 있다.

연 수입 2억 원으로 끝나는 사람의 특징

언젠가 팀이나 시스템을 만들어 돈을 벌지 않으면 연 수입 10억 원을 넘기는 어렵다. 아는 진실이다. 조금 잘되는 것 같다가도 팀이나 시스템이 없으면 금세 한계에 봉착한다. 혼자서 할 수 있는 일은 한정되어 있기 때문이다.

능력이 우수한 사람일수록 혼자서 일을 다 하려는 경향이 있는 것 같다. 그런데 자신의 피크 퍼포먼스까지는 갈 수 있 겠지만, 그 너머로 가는 것은 불가능하다. 문제를 해결하기 위한 뇌의 용량 부족으로 피폐해지면서 생각지도 못한 문제 를 일으키게 된다.

자신의 전문 분야가 아닌 일은 능숙한 사람에게 맡기는 편이 낫다. 그런 일의 배분도 참 중요하다. 지금 시대에는 위 험부담을 안고 직원을 고용하지 않아도 파트너나 팀을 만들 수 있다.

설령 당신 곁에서 떠나가는 사람이 있을지라도 돈을 더 불리기 위한 성장통이라고 생각하자. 그렇지 않으면 연 수입 2억 원 수준에서 금세 한계에 봉착하게 된다. 그런 사람은 5장을 한 번 더 읽어보면 좋겠다.

♦ **연 수입 10억 원으로 가는 단계 32**
혼자서 일하는 것에 한계를 느꼈다면 팀을 만들기

자기피드백형
성장 마인드

●

월급쟁이 체질로는
응원받을 수 없다

반드시 성공하는 사람, 스스로의 힘으로 백만장자가 된 사람이 가진 특징 중 하나가 바로 '자책형 사고'다.

모든 책임을 타인에게 전가하지 않고, 지금 일하는 직장이나 환경도 자신의 결정이 초래한 결과로 받아들인다. 그렇게 생각하는 사람은 상황의 결과에 대해 변명하지 않는다. 무슨 일이 있어도 자신에게 무엇이 부족했는지 생각할 수 있다. 이를 '자기피드백형 성장 마인드'라고 부른다.

일이 잘되면 주위에서 도와준 덕분이라고 감사해하고, 잘되지 않으면 자신의 탓으로 받아들이는 것. 이 마인드셋의 장점은 수많은 실패가 모두 자기 성장의 계기로 작용한다는 점이다.

자기피드백형 성장 마인드를 가지고 결과를 받아들이는 사람의 특징은 무엇일까? 똑같은 실수를 하지 않기 위해 어떻게 하면 좋을지를 늘 생각하면서 행동한다는 것이다. 혹은 현 상황을 타개하기 위해 새로운 도전을 이어간다.

반면에 타인이나 환경 탓으로만 원인을 돌리는 사람은 언뜻 보기에 실패와 무관한 인생을 사는 것처럼 보인다. 하지만 실제로는 그와 반대로 본래 자신에게 향했어야 할 성장의 에너지를 스스로 주위에 방출시키고 있는 것과 다르지 않다.

굳이 가감 없이 말하자면 이것이야말로 월급쟁이 체질임을 깨달아야 한다. 모든 판단을 타인에게 맡기고, 잃어버려도 남 탓만 하는 동안에는 월급쟁이의 연봉을 넘어서지 못하는 것이 당연하다.

성공을 일군 사람 중에는 남 탓을 하는 이가 없다. 남 탓을 하면서 성공할 수 없다는 것을 자각하고 있기 때문이다. 실패하더라도 '다음에는 이렇게 해봐야지' 하고 새로운 배움으로 이어가는 것도 특징이다. 인생에서 벌어지는 모든 것이 자신의 책임이라고 인식하고 있으므로, 실패하지 않기 위해

백만장자 아웃풋

궁리하면서 움직인다.

방향이 자신을 향하면 주위의 평가도 달라진다

피드백의 방향이 자신을 향하면 주위의 평가도 확연히 달라진다. 매일 스스로 생각하고 필사적으로 성장하려는 사람은 매력이 넘친다. 그래서 주위에 응원하는 사람이 모이기 마련이다. 연일 회사 탓, 남 탓만 반복하고 스스로 생각하는 바가 없는 사람이 매력적으로 보일 리 없다. 세상의 성공법칙은 사실은 매우 심플하다.

행동 하나, 생각 하나로 당신 자신의 가치도 극적으로 변화한다. 매사가 잘 풀리는 계기는 기본적인 것을 제대로 고수하면서 계속 행동할 때 발생한다.

세계적인 베스트셀러가 된 로버트 기요사키Robert T. Kiyosaki의 《부자 아빠 가난한 아빠》에 계속해서 등장하는 유능한 투자자 · 경영자와 노동자층의 간극은 이 차이라는 사실을 이해하면 좋겠다.

투자자나 사업가로 성공하는 사람은 틀림없이 '자기피드

백형 성장 마인드'를 가지고 있다. 이는 10억 원이 넘는 연수입은 물론이고 주식투자나 부동산을 통해 경제적 자유를 손에 넣으며 성공하기 위해서도 필수 조건이다.

◆ **연수입 10억 원으로 가는 단계 33**

지금 당장 남 탓을 멈춰라

행동의 모든 것이 자기 성장으로 이어진다는 생각으로 스스로 고민하고, 스스로 행동하면 올바른 판단으로 결단할 수 있다

스킬 카드 3장

•

당신만의
오리지널리티를 완성하라

성공하는 사람은 희소성이 높은 인재다. 앞으로의 시대는 단 하나의 전문성을 키우는 것만으로는 부족하다. 여러 경험을 통해서 아이디어를 융합하고 다양한 관점에서 살펴봄으로써 최적의 답을 찾아낼 수 있다. 그러려면 다니는 직장 외에도 교류의 장을 만들고 새로운 도전을 통해 희소성을 가진 인재가 되어야 한다.

여러 가지 경험을 하면 그것이 세 개, 네 개의 다발처럼 모여서 가치가 뛰어오른다. 나 역시 경영하는 세 개의 사업은 광고대행사, 컨설팅 서비스, 동영상 제작 등 제각각이다. 그 이외에도 책을 집필하거나 유튜버로도 활동하고 있다.

언뜻 보기에 제각각의 기술을 바른 방향으로 펼치고 있는 것처럼 느껴질 수도 있다. 하지만 세상에는 광고대행사의 경영자나 마케터가 무수히 존재한다. 그런 상황에서 스스로 정보를 발신하고 대표적인 지식을 서비스로 제공하는 사람은 업계에서도 희소하다.

실제로 나도 그것 덕분에 일이 늘어났다. 실패를 거듭하면서도 실천해 온 SNS 활동과 동영상 제작 경험도 고객의 문제해결에 활용할 수 있었기 때문이다.

전문성이 점차 희박해지는 사회

이처럼 많은 수입을 벌기 위해서는 가급적 당신 스스로 희소성이 높은 인재가 되어야 한다. 과거 고도성장기에는 대기업에 근무하기만 하면 해고될 염려는 없었다. 회사가 원하는 대로 주어진 일만 착실하게 해내면 그만이었다.

하지만 시대가 달라졌다. 지금은 대기업에서도 구조조정이 일어난다. 또 회사를 믿고 시키는 대로 1가지 일만 계속해 본들 업무 내용에 맞는 인재를 채용하는 '직업형 고용'이 일반화되면 모두 미지의 부서로 일방적으로 배치될지도 모른다.

자신의 몸을 스스로 지켜야 할 때, 다양한 경험과 실패에서 얻은 교훈을 무기로 삼아 희소성이 높은 인간이 되는 것을 지향한다면, 효율적으로 자신의 가치를 높일 수 있다. 이러한 행동의 가치관을 자신에게 장착하고 앞으로의 커리어 플랜을 생각해 보자.

자신의 부가가치를 높이는 비결은 다양한 행동과 경험을 조합하여 당신만의 독자적인 오리지널리티를 만들어내는 데 있다. 성장을 위한 배움이라고 하면 왠지 어둡고 칙칙한 느낌이라든지, 마치 수험생과 같은 이미지를 떠올리기 쉽다. 그러나 이것을 일종의 재미있는 '게임'이라고 생각하자. 게임을 하는 느낌으로 스킬 카드를 펼쳐 보이며 다른 세계의 주인공이 되기 위해 희소성을 높이자. 그런 생동감으로 가득 찬 어른의 공부와 성장을 즐기기 바란다.

💎 **연 수입 10억 원으로 가는 단계 34**
이직과 부업 등을 적극적으로 활용하여 자신의 희소성을 높이기

상위 1%의 부자들이 실천하는

신의 법칙 20

8장
비법 전수
'이것'만 인풋하라!

지금까지 연 수입 10억 원을 벌기 위한 사고방식과 기술, 법칙에 대해 모두 전달했다. 이 책을 마무리하면서 마지막으로 '이것'만 하면 되는 규칙을 20가지로 나누었다. 물론 계속해서 행동하는 것이 전제인데, 불안한 마음이 들 때나 슬럼프에 빠졌을 때는 이 장을 반복해서 읽어보며 날아오를 계기를 만들어보기 바란다.

부자가 되기 위한 신의 법칙 01
계속해서 행동하는 바보가 되어라

불안을 해소하는 유일한 방법은 행동이다.

인터넷이 등장하기 전에는 특정한 인간만이 전매특허로 정보를 독점했다. 하지만 인터넷이 보급되면서 누구나 다양한 지식에 자유롭고도 빠르게, 거의 무료로 접근할 수 있게 되었다. 정보 그 자체의 가치가 사라진 것이다. 정보 혁명이 일어나면서 옛날로 치면 지식이나 노하우로 여겨졌을 방면에서 우수하다고 할 만한 사람들이 넘쳐나고 있다. 그야말로 정보의 바다에서 살고 있는 셈이다.

그렇다면 이다음에 오는 것은 무엇일까? 바로 '행동 혁명'이다. 이런 시대에 차이를 낳는 것은 행동 말고는 존재하지 않는다. 행동하지 못하는 것이야말로 모든 사람에게 장애물이다. 행동할 때까지의 과정을 바꾸는 것이 무엇보다 중요하며, 그것에 에너지를 쏟아야 한다.

단, 행동하여 성공하는 인간은 처음에는 주위 사람들에게 인정받지 못한다. 성공하는 사람이나 리더가 되는 사람은 남들과 달라 보이기 때문이다. 이에 개의치 않고 남들보다 많은 것을 이루거나 백만장자가 되고 싶다면, 누구보다 먼저 달리고 행동하는 바보가 될 필요가 있다.

"지 사람 좀 이상해", "바보 아니야?" 아마 주위에서는 당신을 이렇게 비웃을 것이다. 하지만 신경 쓸 필요 없다. 행동하라. 완전히 멈춰 있는 사람의 눈에는 곤충이라도 된 듯이 바쁘게 움직이는 사람이 모두 바보로 보일 뿐이다. 그것은 어떤 의미에서는 질투이고 그저 멈춰 서 있는 자신에 대한 공포심이다.

반드시 성공하는 사람의 특징을 굳이 하나 꼽자면, '이상한 사람'이라는 비웃음을 들으며 살아왔다는 것이다.

부자가 되기 위한 신의 법칙 02
행동을 멈춘 순간 늙기 시작한다

남들이 비웃더라도 행동을 멈추지 않는 사람은 결국 강인한 정신력을 갖추게 된다. 강철 멘탈이라고 명명할 수 있겠다. 어떤 일에도 전혀 동요하지 않으니 남들이 보기에도 대단하다 싶을 것이다.

반대로 입으로는 못 하는 게 없으면서 전혀 행동하지 않는 사람은 자연스레 주위 사람들이 떠나간다. 처음에는 모이는 것이 즐겁지만, 점차 변하지 않는 일상이 지루해지기 때문이다.

행동력이나 호기심이 없으면 사람은 급격히 늙기 시작한

다는 최신 연구 결과도 있다. 사람은 나이가 들어감에 따라 늙는 것이 아니다. 매사에 관심이 사라지면 뇌가 퇴화한다. 그러면 노화가 시작된다.

이런 상태가 되면 새로운 일에 도전할 에너지를 만들어낼 필요가 없으니, 뇌는 우리 신체에 '지금까지 수고했다. 이제부터는 현상 유지만 하자!'는 지령을 내린다. 그러면 세포 속의 미토콘드리아가 에너지를 사용하지 않는 절약 모드로 전환되고 늙기 시작한다. 아무리 나이가 젊어도 똑같다.

도전에 나이는 중요하지 않다. 나이가 들어서도 젊음을 유지하고 싶은가? 그렇다면 항상 뇌에 호기심이라는 자극을 주고 도전을 계속해야 한다.

경영의 신이라 불리는 파나소닉의 창업자 마쓰시타 고노스케松下幸之助는 '청춘이란 젊은 마음'이라고 했다.

미래에 대한 가능성, 불타오르는 열정, 진취적인 모험심. 이 3가지로 채워진 뇌의 상태를 젊음이라고 부른다. 행동을 멈추는 순간 이 3가지는 상실되고 젊음은 노회로 비끼기 시작한다.

성공한 사람을 그대로
흉내 내는 것에서 시작해도 된다

법칙 01에서 이야기했듯이, 앞으로의 시대에서는 정보 자체에는 가치가 없다. 정보를 어떻게 사용하느냐에 가치가 있을 뿐이다.

이미 존재하는 선구자들의 사례를 인터넷으로 검색해서 알아보고 가급적 빨리 최초의 발걸음을 내딛도록 하자. 처음에는 성공사례나 업계의 선발주자를 따라 해도 괜찮다. 대체로 이를 통해 첫발을 내딛는 노하우를 배울 수 있기 때문이다.

'사흘 동안 호텔에만 박혀 있어도 좋으니 너만의 것을 만들어내라'라는 것은 스포츠에서 말하는 원론적인 정신론일 뿐이다. 정신론을 중시하는 것은 개인의 자유지만, 최첨단 기술을 구사하여 행동하는 사람과 비교하면 시간이 지날수록 점점 더 뒤처지게 될 수 있다.

애당초 처음부터 아무도 알지 못했던 영역을 찾아내 창조성이 높은 부가가치를 만들어내고, 그것을 단번에 큰 규모로 키워내는 것은 일부의 천재에 국한되는 이야기다. 그런 천재도 처음에는 누군가를 따라 하면서 시작했다. 그 시기가 어릴 때였는지 창업할 때였는지가 다를 뿐이다. 우리가 상상하는 것보다 훨씬 그 시기가 빨랐으리라.

손정의나 스티브 잡스 Steve Jobs 같은 위대한 발명가조차도 다르지 않다. 현실에서는 99%의 사람이 첫 행동을 하지 못하고 일생을 마친다. 이 지점을 돌파하지 못하면 개성을 추구하려야 할 수도 없다.

행동하는 사람, 그것을 꾸준히 지속하는 사람은 1%밖에 안 된다. 그 1%만이 성공이라는 열매를 손에 쥐는 것이다. 그렇다면 우선은 흉내 내는 것이라도 좋으니 행동하면서 다음 단계에서 자신만의 개성을 추구해야 한다.

부자가 되기 위한 신의 법칙 04
경영자의 인터뷰를 공략집으로 삼자

내가 일로 엮였거나 개인적으로 알고 지내는 일류의 사람들은 모두 시간 낭비를 싫어한다. 자신이 만들어내는 부가가치를 최대한 발휘하려면 최종적으로는 1분 1초라는 시간의 가능성을 얼마나 확장시키느냐가 중요하기 때문이다. 그것은 사업을 시작할 때도 마찬가지다.

새로 시작할 때 스스로 무언가를 창조하려고 해도 실제로는 비슷한 비즈니스나 서비스가 이미 존재하고, 그 프로세스가 책이나 인터넷상에 나와 있는 경우가 대부분이다.

'책은 인생과 비즈니스의 공략집'

이는 내가 대학에서 강연할 때 학생들에게 강조하는 말이다. 이러한 공략집을 참고하지 않고 아무것도 없는 상태에서 혼자 길을 개척하는 것만큼 시간 낭비는 없다.

정보의 검색 수단이 한정되어 있던 시절에는 1년을 들여서 전문학교에 다니는 편이 편리했는지도 모른다. 하지만 지금은 대부분의 정보가 경제경영, 자기계발 책은 물론이고 인터넷 영상에도 실려 있다. 내가 바쁘게 사업을 하면서 틈틈이 유튜브를 시작했을 때도 그랬다. 편집기술이나 마케팅 방법은 인터넷 검색을 통해 배웠다.

새로운 사업을 시작할 때도 기본적으로는 다르지 않다. 우선은 선행하는 경쟁 기업(콘텐츠)을 조사하고, 인터넷상의 창업자 인터뷰 기사를 옛날 것부터 찾아보자. 사업을 시작할 때 그야말로 작은 원룸 사무실에서 고생하던 이야기, 사업을 확장해 온 과정, 현재의 비즈니스에 도달한 터닝 포인트 등 시간 순서에 따라 읽어보는 것이다. 그럼 어떤 계기로 사업을 확장했는지, 어떤 위험을 감수했는지 등을 모두 간접 체험할 수 있다.

경쟁하는 기업의 경영자가 책을 냈다면 꼭 체크해 보라. 10시간이 넘는 인터뷰의 핵심만을 담은 책도 많으니 더없이 좋은 정보원으로 여길 일이다.

부자가 되기 위한 신의 법칙 05

실천적인 기술은 동영상으로 배우자

각종 서적을 통해 기초를 닦고, 앞서 말한 인터넷 기사나 사례를 통해 최단 루트를 알아본 후에는 실천적인 것을 유튜브 등의 영상을 활용해 보강하면서 선구자를 따라 행동을 개시하자. 속도도 효율도 그 편이 훨씬 낫다. 아무리 전략을 짜도 달리기로 제트기를 이길 수는 없는 법이다.

영상은 전문적인 학교나 학원이 비할 바가 아니라고 생각하는 사람은 시대의 흐름에 더욱 민감해질 필요가 있다. 다양한 기술의 획득과 교육조차도 앞으로는 동영상이나 가상현실(메타버스)로 대체될 것이다. 검색이라는 수단을 이용하여 전 세계의 정보와 학습의 장을 제공하는 구글도 이를 잘 알고 있다. 그래서 유튜브에 힘을 쏟는 것이다.

지금 구글의 검색순위는 우리가 알아차리지 못하는 속도로 조금씩 문자 등의 텍스트 콘텐츠에서 유튜브 등의 영상과 이미지를 우선하는 쪽으로 바뀌고 있다. 실제로 당신이 알고 싶은 검색어를 찾아 확인해 보기 바란다. 상위 페이지에 유튜브 추천 영상이 나올 테니 말이다.

구글은 이처럼 영상 콘텐츠를 우선적으로 제시하도록 알고리즘을 변경하기 시작했다. 가까운 미래에 배우고 싶은 키워드를 검색하면 전문적인 학교 대신에 영상 콘텐츠로 화면이 가득해지는 시대가 올지도 모른다. 집에 앉아서 메타버스 등의 가상현실로 배우는게 당연해질 가능성도 있다. 세계에서는 이미 그것이 표준이다.

부자가 되기 위한 신의 법칙 06

한정된 시간을 활용하자

인생의 시간은 유한하다. 시간을 잘 사용하는 것은 우리가 성공하기 위해 필요한 가장 중요한 주제이다. 그러려면

'시간을 활용'해야 한다. 인생의 성공은 낭비되는 시간을 없애고 어떻게 행동하느냐로 집약된다. 행동으로 직결되지 않는 시간 관리의 노하우는 도움이 되지 않는 것이 대다수다.

적은 시간으로 얼마나 많은 일을 해낼 것인가?

얼마나 일찍 자고 일찍 일어나며 규칙적인 생활을 할 것인가?

이것들은 물론 중요하지만, 그것만으로 정말 성공할 수 있을까? 연 수입 10억 원을 달성할 수 있을까? 답은 아니오다. 시간 관리만 잘하면 성공한다는 이야기는 솔직히 오해다.

문제는 어떤 사람에게나, 가령 미국의 대통령이나 세계 제일의 부호에게도 하루의 시간은 한정되어 있다는 것이다. 하루하루의 업무를 효율화하기 위한 기술을 배우고 시간 관리의 법칙을 손에 넣는 것만으로는 그 장벽을 돌파할 수 없다. 인생의 물리적인 양을 늘릴 수 없기 때문이다.

너 낧은 일을 하고 시간을 쪼개어 돈을 벌어서는 당신의 자산은 일정한 한계를 넘어서기 어렵다. 가장 중요한 1가지를 간과하고 있다. 바로 시간을 마음대로 통제하고자 하기 전에 우선 '첫 착수점을 찾아서 행동하는 자신을 만들어야 한다'는 것이다.

시간이 아니라 '행동 자체'로 시선을 돌려야 한다. 행동하기 위해서 시간을 통제하려고 해야 한다는 의미다.

부자가 되기 위한 신의 법칙 07

자신을 위해 사용하는 시간 백지화하기

생산성을 높일수록 당신은 점점 바빠진다. 그러나 내 경험상 바빠지기만 하지 돈은 늘어나지 않는다.

초등학생 시절에 각인된 '시간표의 덫'이다. 거기서 빠져나오려면 행동에 착안해야 한다. 그리고 행동하기 위한 시간 사용법을 배우는 것이다.

만약 인생이 영원히 계속된다고 생각한다면 어떤 사치를 부려도 괜찮다. 적어도 당신의 인생에서 오늘이라는 날의 선택은 그리 중요하지 않을 것이다. 어떤 만남도 멋진 풍경도 감동으로 다가오지 않을 것이다. 시간을 소중히 여기는 마음도 옅어지리라.

하지만 인생은 한 번뿐이다. 유한하다. 당신이 무언가를 행동하기로 정했다면 필연적으로 우선순위가 낮은 다른 행동을 버려야 한다.

스케줄로 수첩을 가득 채우기 위해 시간표를 관리하는 것이 아니다. '해야 할 행동'을 하기 위해 시간을 통제하는 것이다. 그러려면 항상 시간의 유한성을 이해하고 수첩을 스케줄로 가득 채워서는 안 된다.

창업 준비나 공부를 위해 자신의 뜻대로 사용할 수 있는 '가처분 시간'을 늘리고자 하는 사람이 많다. 그래서 시간 관리에 관한 책은 늘 잘 팔린다. 서점이나 세미나의 단골 주제이고 인기 상품이다.

하지만 그것만으로 반드시 성공하는 사람, 연 수입 10억 원을 버는 사람이 되지는 못한다. 99%의 부자들이 이미 하고 있는 일이기 때문이다.

가령 5년 정도 전부터 나는 스케줄을 수첩에 메모하지 않게 되었다. 물론 약속이나 부하직원과의 미팅, 중요한 인물과의 회식 등은 잊어버리면 안 될 일이다. 그렇기에 타인과의 약속은 구글 캘린더로 한참 후의 일정까지도 관리하고 있다. 아무리 기억력이 좋은 사람이라도 타인과의 약속 일정은 철저히 관리해야 한다.

그런데 자신과의 약속은 이미 결정되어 있다. 남은 것은 행동하고 어떻게 결과로 연결시킬 것인가 뿐이다.

과거의 나는 수첩을 펼치고 그날의 할 일을 아침부터 밤까지 빽빽이 채우는 데 열중했다. 아침의 독서는 물론이고 목적별로 시간 관리를 했다. 밤의 휴식 시간까지 마치 퍼즐이라도 맞추듯 30분 단위로 하루를 관리하려고 했다. 그 시절의 나는 일과 사생활의 일정이 가득 차면 뇌가 '쾌감'을 느꼈던 것 같다.

비슷한 예시로 투두리스트To do list가 있다. 많은 사람이 책이나 매체에서 본 것처럼 메모 형식으로 오늘의 할 일을 적어내려 간다. 이때 어제 업무 중 하기로 했으나 해내지 못한 일이 점점 추가된다. 리스트는 점점 늘어나지만, 이렇게 할 일을 다 적고 나면 여기서도 쾌감을 느끼게 된다. 결과를 내기 위한 행동은 일절 하지도 않았는데 말이다.

여러분도 이런 부류는 아닌지 돌이켜보기 바란다. 하루 15분을 스케줄 관리나 확인 작업에 사용하면 일주일이면 105분, 한 달(30일)이면 450분이라는 시간이 된다. 한 달에 7시간 30분이라는 시간을 낭비한다는 계산이 나온다.

이 사실을 깨달은 나는 언제부터인가 귀한 아침 시간에 시간 관리를 위해 수첩을 펼치는 일을 그만두었다. 다른 사람과의 약속 일정을 빼면 전부 나와의 약속이다. 해야 할 일이 명확하면 아침에 일어나서 즉시 행동으로 옮길 수 있다.

정말로 하고 싶은 일이 있고, 확실히 그것을 해내려는 의사가 있다면 더욱 그렇게 해야 한다. 성과를 내기 위한 유일한 방법은 지금 당장 행동하고 실행하는 일이기 때문이다.

조금이라도 시간을 효과적으로 사용하고 싶다면 시간 관리에 시간을 낭비해서는 안 된다. 생산성을 올리는 방법을 이것저것 생각하기 전에 우선은 행동을 시작하는 속도를 높이도록 하자.

부자가 되기 위한 신의 법칙 08

미래와 과거에 집착하지 않는다

내가 권철하고 만났던 성공한 사람들은 지금 이 순간에 집중한다. 특히 눈앞의 일에 집중한다.

무슨 일이 일어나도 행동하는 사람은 미래가 생각대로 되기를 바라지 않고, 지금 눈앞의 일에 집중하는 사람이다. 매사가 기대한 대로 흘러가는지 아닌지에 애를 태우지 않는 것이다. 수첩을 버림과 동시에 미래를 통제하겠다는 '집착'도 버리면 된다. 어떻게 들릴지 모르지만, 지금 가진 문제도 해결되지 않았는데 미래에 대해 걱정한들 아무 소용이 없지 않은가?

불안은 '미래'에 대해 과도하게 생각한 결과로 생긴다.
후회는 '과거'를 불필요하게 되돌아본 결과로 생긴다.

그럼 어떻게 하면 '지금' 행동할 수 있게 될까? 우선은 해야 할 일을 두세 가지로 선택하자. 행동을 선택하는 데는 다른 것을 버리는 결단도 필요하다. 아무 생각 없이 TV를 보던 시간, 점심을 먹은 후에 동료들과 수다를 떠는 시간 등의 취사선택을 검토해야 한다. 그리고 선택한 일만 빠르게 실행하자. 아침부터 할 일을 정해두면 바로바로 행동에 착수할 수 있다. 집중해서 지속하면 수첩으로 시간 관리를 할 필요도 없어진다.

일정을 짜 놓지 않으면 불안을 느끼는 사람일 경우에는 그날 해야 할 일의 순서를 간단히 메모로 남기면 되겠다. 이때 중요한 것은 ① 시간을 들이지 않는다, ② 수첩에 쓰는 것 자체를 목적으로 삼지 않는다, ③ 중요한 행동만 기록한다, ④ 매일 일정까지 적지 않는다, 이 4가지다.

부자가 되기 위한 신의 법칙 09

젊을 때 배움의 중요성을 깨닫자

백만장자들은 모두 열심히 공부한다. 억지로 하는 공부만큼 재미없는 것은 없다. 어른의 배움도 마찬가지다.

가급적 빨리 배움의 필요성을 자각해야 한다. 그러려면 '어느 정도 위기감과 긴장감이 필요하다'고 앞서 언급한 바 있다. 행동하면 문제가 생긴다. 이것도 위기감이나 긴장감을 만들어내는 장치다. 문제를 역으로 이용하는 셈이다.

나는 젊은 사원들에게 자주 "좀 더 긴장감을 가지라"고 말한다. 줄곧 조직에 속해 있으면 안심하기 쉽고, 현 상태에 안주하려는 사람을 바꾸기는 솔직히 쉬운 일이 아니다. 인생은 죽을 때까지 배우는 것임을 젊을 때 깨달으면 일이 훨씬 잘 풀리고 더 편하게 풍요로워질 수 있다.

자발적으로 문제 있는 인생을 선택하자

성공을 결정하는 궁극적인 핵심 열쇠는 행동이든 배움이든 얼마나 '자발적인 동기'를 갖느냐이다. 내 주변의 성공한 사람들은 누구 할 것 없이 자발적인 동기를 가지고 있다.

회사에서 강제하면 새롭게 배운 것도 상사에게 보고하는 것에서 끝난다. 배운 것을 실천하여 적극적으로 비즈니스에 활용하려면 자발적인 동기가 반드시 필요하다. "어떻게 하면 좋을까요?"라는 질문에는 "어떻게 하고 싶은데요?"라고 되묻는 수밖에 없다.

먼저 자신이 배운 것을 활용해 행동하는 시나리오까지 정해두지 않으면 아무것도 시작되지 않는다. 자발적인 동기가 있을 때만 결과가 따라온다. 반대로 자발적인 동기를 손에 넣은 사람은 눈앞의 작은 문제에 신경을 쓰지 않는다.

애당초 문제란 자신이 이루어야 할 꿈이나 목표와의 '간극'을 말한다. 이루어야 할 것이 아무것도 없다면 문제는 해소되지만, 인생의 재미도 사라진다.

우리 회사의 최장기 근속 직원 중 고노라는 사람이 있다.

요즘 치고는 보기 드물게 아이가 셋이나 되는데, 최근에 온 가족이 도쿄에서 사이타마현의 꽤 먼 곳으로 이사를 했다. 그곳에서 놀랄 만큼 싸게 넓은 밭을 빌려서 휴일이면 가족과 농장을 운영한다.

물론 취미로 하는 것이지만, 매주 "뽑아도 뽑아도 잡초가 줄어들지 않는다", "무농약에 도전했더니 전부 벌레 먹었다", "서리가 내려서 채소가 뿌리째 썩어버렸다"라며 불만을 털어놓는다. 그렇게 문제만 가득하면 그만두면 될 일 아닌가? 그러나 정작 당사자의 얼굴은 생기가 넘친다.

나름대로 대책도 세웠는지 "추위에 강한 고구마를 심어보려고 한다", "이웃에게 무농약에 적합한 채소를 알려달라고 했다", "서리를 막아주는 시트를 사서 휴일에 아이들과 대책을 마련하려고 한다"라고 이야기한다.

그에게는 아이들을 자연에서 느긋하게 키우고 싶다는 목표가 있다. 오랜 세월을 들여 그 목적을 이루려고 하기에 모든 문제를 한 번에 해결할 생각이 없는 것이다. 오히려 행동할 때마다 늘어나는 문제를 즐기는 것처럼도 보인다. 모두 자신이 선택한 결과이기 때문이다.

성실한 사람은 초기에 모든 문제를 없애려고 생각한다.

그것은 당신이 행동을 멈출 이유를 찾는 것과 동일하다.

반면에 연 수입 10억 원 이상을 버는 사람은 하나하나의 문제에 임하면서 필요한 시간을 투자해서 극복해 나가는 과정을 우리 회사의 고노 씨처럼 즐긴다. 오히려 문제가 있는 인생을 긍정적이고 진취적으로 받아들이면 어떨까?

부자가 되기 위한 신의 법칙 11

토끼가 아닌 거북이처럼 추진하라

문제에 대처하는 방법을 알았다면 또 하나 중요한 이야기를 해보겠다. 바로 성공한 부자는 작은 행동을 착실히 반복하는 일의 중요성을 누구보다 잘 알고 있다는 사실이다.

그들은 매일 같은 노력을 기울인다.

같은 속도로 배분하여 노력을 지속하는 편이 동기를 유지하며 앞으로 나아가는 데 좋다. 《토끼와 거북이》라는 동화에서 말하는 거북이의 속도처럼 말이다. 반대로 단거리 달리기를 하듯이 속도를 단번에 올리거나 며칠씩 건너뛰어 버리면 동기를 유지하는 면에서는 오히려 에너지가 소모된다.

비행기는 이륙 시에 가장 연료를 많이 사용한다. 반대로 일단 상공에서 안정된 상태에 진입하면 연료 소비량은 1/10 정도로 급격히 줄어든다. 여러분도 마찬가지로 무언가 행동을 시작할 때 가장 연료를 많이 소모하고, 반대로 일정한 속도로 날고 있을 때는 의외로 동기가 줄어들지 않는 법이다.

나도 책의 집필이나 근육 트레이닝 같은 것에서는 일단 한 번 정지하면, 이전과 같은 동기를 회복하는 데 상당한 에너지를 필요로 한다. 인간에게는 '현상 유지 편향status quo bias'이라는 것이 있다. 사람이 가진 뇌의 특성 중 하나다. 현 상태를 바꾸고 싶으면서도 쉽게 한 발을 떼지 못하는 상황을 설명하는 데 자주 이용되는 말인데, 사실은 좋은 습관을 유지하는 경우에도 해당한다.

일단 좋은 습관을 형성하면 조금씩 지속하여 이전의 상태로 되돌리기 어렵게 만드는 것이다. 가령 매일 아침 운동이나 공부를 계속하다 하루라도 빠지면 '밤에 절반이라도 좋으니 지금까지의 속도를 유지하자'는 마음이 작용한다. 이것은 좋은 습관에 대해 긍정적인 현상 유지 편향이 작용하기 때문이다.

이 긍정적인 현상 유지 편향을 손에 넣으려면 하루의 행동량을 정해서 조금씩이라도 좋으니 꾸준히 지속해야 한다. 양치를 하고 옷을 갈아입는 데 동기부여가 필요하다고 생각하는 사람은 없다. 나는 유튜브를 거의 매일 업데이트하는데, 주위에서는 "힘들 것 같다", "너무 열심히 하는 것 아니야?"라는 반응을 보인다.

그런데 나만의 비밀을 하나 밝히자면, 이 속도가 가장 편하다는 것이다. 가끔 감기에 걸리거나 출장 등으로 인해 사흘 정도 업데이트를 못 할 때가 있다. 그럴 때마다 다시 카메라 앞에서 모티베이션을 끌어올리는 데 생각보다 많은 힘이 든다는 사실에 놀라고는 한다. 무언가를 달성하려는 경우, 매일 조금씩 꾸준히 진행하는 편이 결국 편하게 지속하는 길이다. 속도를 적절히 배분하면 동기부여와 의욕을 유지할 수 있다.

넘치는 에너지로 더 할 수 있을 것 같은 느낌이라도 그런 순발력에 기대지 말고, 매일 꾸준한 행동을 우선하자. 그렇게 하면 행동근육(실제로 존재하는 근육은 아니다)이 단련되어 다소 어려워도 극복할 수 있다. 몇 번을 휘청거려도 다시 일어설 수 있게 된다. 그편이 장기적으로 보면 결국 훨씬 건전하고 높은 생산성을 발휘하는 길이다.

무엇보다도 이 책을 읽고 있는 당신은 《토끼와 거북이》의 토끼가 되지는 않기를 바란다.

부자가 되기 위한 신의 법칙 12

성공은 시간차로 찾아온다는 것을 명심하라

백만장자가 된 사람은 성공은 '시간차로 손에 넣는 것'임을 알고 있다. 지금 하는 고생도 시간차로 기회나 성과가 되어 돌아온다. 나는 이것을 '성공의 시간차 공격'이라 부른다.

언제나 성공하는 사람은 시간의 파도를 타는 일에 능숙하다. 반대로 처음에 이것을 잘 모르면 자기계발은 물론이고 사업이나 투자에서도 너무 많은 돈을 날리고 자금이 고갈되기도 한다.

바로 눈앞에 성공 지점이 자리하고 있는데도 중간에 포기하고 만다. 쓰러지기 전에 안전장치를 작동시키지도 못한다. 그렇게 되지 않으려면 가급적 일씩 패배하는 경험을 해두는 것이 좋다. 어떤 일이든 절대로 지고 싶지 않다고 생각하는 사람이라도 부디 끝까지 들어보기 바란다.

이미 소개한 대로 나는 20대에 많은 실패를 경험했다. 어머니가 일찍 돌아가셨고 대학 입시에도 실패했다. 사회에 발을 내디디고 1년 차부터 프리랜서로 일했으니, 매일같이 혼이 났다. 선배들로부터 말 그대로 욕만 먹은 것 같다. 스물일곱 살에 창업을 한 후에도 몇 번의 도산 위기가 있었다.

다만 돌이켜보면 당시에 많은 실패를 한 덕에 '성공은 나중에 찾아오는 것'이라는 사실을 알았다. 리스크에 민감해지고 실패에 대한 강한 내성이 생겼음은 물론이다. 젊은 시절에 많이 실패한 경험이 나를 성장시키는 동력으로 바뀐 것이다.

이처럼 사업이나 투자를 할 때는 성공의 시간차 공격을 이해하고 리스크를 잘 생각해서 리턴을 취해야 한다. 이때 과거의 실패경험이 있으면 직관이라는 데이터베이스가 되어 '지금 당장 움직이는 것이 좋겠다', '아직 차분히 기다리는 게 낫겠어' 하고 자신에게 신호를 보내준다.

이것은 주식투자를 할 때도 마찬가지다. '지금은 아직 투자하지 않는 편이 좋다', '지금은 리스크를 감수하고라도 승부수를 띄워야 하는 때다'처럼 과거의 경험이나 패턴을 통해 오는 직관적인 번득임이 머릿속을 스칠 때가 있다.

그런 직관이 작용하는 것은 젊은 시절에 실패한 경험을 몸으로 기억하고 있기 때문이다. 나는 주식투자나 부동산 투자를 통해서도 많은 자산을 구축했다. 특히 주식투자로 성공하기 위한 조언으로 "꼭 홈런을 치지 않아도 된다. 한 번이라도 타석에 더 많이 설 수 있도록 하라"고 말한다.

아이들이 처음 나무에 올라갈 때 보통 중간부터 공포심이 생겨서 몸이 위축되고 움직임을 멈춘다. 첫 경험이니 공포를 느끼는 것이다. 아래에서 위를 올려다보거나 위에서 내려다보는 풍경이 공원을 내달리던 과거의 경험과는 완전히 다르다 보니, 어떻게 해야 좋을지 망설인다.

그런데 같은 나무를 여러 번 반복해서 오르다 보면 제힘만으로 꽤 높은 곳에 오르게 된다. 비슷한 상황, 비슷한 실패를 몸이 기억하고 있기 때문이다.

일찍 작은 실패를 경험하면 나중에 반드시 도움이 된다. 단 1가지 중요한 점이 있다면 실패해도 되지만 죽으면 안 된다는 사실이나. 찰과상 정도는 괜찮지만 치명상을 입지 않도록 하자.

비즈니스든 투자든 치명상은 피하자

어느 정도의 상처라면 성공을 위한 경험으로 쓰이는 경우가 대부분이다. 이는 주식투자의 경우에도 마찬가지다. 나는 일본 주식뿐만 아니라 미국, 중국 등 전 세계의 주식에 자금을 분산 투자하고 있다. 이를 두고 '포트폴리오를 짠다'라고 한다.

얼마 전에 미국의 경제가 매우 호조세였던 시기에는 "어째서 미국 주식에만 집중 투자하지 않으세요?"라는 질문을 받았다.

그런데 스물세 살부터 25년 동안 투자를 계속해 온 나로서는 "어째서 지금이 피크일지도 모르는 미국 주식에만 집중 투자해야 한다는 건가요?"라고 되묻고 싶어진다. 나는 경영자로서의 돈벌이와는 전혀 별개로 주식투자만으로 50억 이상의 자산을 구축했다. 그런 경험을 가진 내 생각은 다르다.

25년간의 투자 경험 속에서 세계 시장은 언제나 부침을 반복했다. 일본 주식이 정점을 찍고 1989년에 폭락하자, 러시아와 브라질 등의 자원보유국이 붐을 이루다가 그 나라들이 쇠퇴하자 중국 주식 버블이 찾아왔다. 그러던 것이 또 정점을 치자 태국이나 한국 등의 주가가 높아지더니, 다시 돌고 돌아서 미국 주식이 호조세를 보이는 상황인 것이다.

포트폴리오를 짠다는 것은 그런 투자의 급변하는 환경에서 과도한 욕심으로 치명상을 입지 않기 위한 대응책이다.

투자의 세계에는 '산이 높으면 골짜기도 깊다'라는 격언이 있다. 이는 주식투자에서 반드시 새겨야 할 말 중 하나다. 미국주 강세가 지속되면 그만큼 반동이 커진다고 생각한다.

물론 미래의 일은 누구도 알 수 없다. 알지 못하기에 자산을 분산시키고 치명상을 입지 않도록 리스크를 관리하는 것이다. 나처럼 국가를 나눠도 되고 초보자라면 정점에 가까워졌다는 생각이 들면 다음 폭락 때까지 현금비율을 높이고, 시간을 분산해 두면 좋을 것이다.

매년 크게 떨어졌을 때만 차분히 시간을 들여서 철저히 분할 투자한다면 승률은 높아지지 그리 크게 떨어지지는 않는다. 이처럼 사업이든 투자든 치명상을 입지 않고 승리하는 길을 추구하는 것이 중요하다.

주위의 정보에 귀 기울이기

반드시 성공하는 사람, 많은 수입을 손에 넣는 사람은 주위의 의견을 잘 듣는 경향이 있다. 거대한 항공모함인 이지스함처럼 사방에 안테나를 세우고 있는 느낌이랄까? 상대방의 연령과 관계없이 좋은 정보든 나쁜 정보든 수집한다.

어떤 사람이라도 크게 실패할 때는 대체로 주위의 말이 귀에 들어오지 않는다. 혹은 과거의 성공 경험에만 매달려서 자기 의견만 내세우는 경우가 많다. 누구에게나 그럴 때가 있다. 나 역시 30대에 그런 시기가 있었다.

그런데 남들의 이야기에 귀를 기울이지 않으면 나중에 큰 후회를 하게 된다. 내 경우에는 미리 정해두었던 채용 프로세스를 게을리한 탓에 사내 분위기가 안 좋아져 직원이 절반이나 회사를 떠난 적이 있다. 지금 생각하면 무척 부끄러운 일이다.

그때는 일이 순조롭게 늘어나서 오히려 힘에 부칠 정도였다. 현장 인력 부족을 해소하면 좋겠다는 안일한 생각으로 생각보다 많은 인원을 채용했다.

"현장 교육 담당자의 부담도 있습니다. 조직도 삐걱거리고요. 좀 더 신중하게 회사의 비전에 맞는 사람을 채용해야 합니다."

그때 몇몇 임원이 내게 이렇게 충고했다. 하지만 아무 경험도 없는 사람을 번듯한 컨설턴트로 키워낸 자신감과 회사를 빨리 성장시키고 싶다는 초조한 마음으로 인해 "괜찮아, 지금까지 했던 것처럼 대응하면 돼"라며 귀를 기울이지 않았다.

그 후 회사의 분위기는 임원들이 충고한 대로 정말로 악화되었다. 회사에 대한 불만이 늘어났고 싸움이 끊이지 않았다. 교육담당자 몇몇도 심신의 피로를 호소하며 회사를 떠났다. 그때만큼 나의 무능함이 창피했던 적이 없다. 이 경험을 통해 주위의 정보를 객관적으로 받아들이는 데에 더욱 적극적으로 임하게 되었다.

자만하기 쉬울 때일수록 눈과 귀, 안테나를 세워야 한다.

눈과 귀란 주위와의 밀접한 커뮤니케이션을 뜻한다. 안테나는 현장의 정보를 오감으로 느끼는 것을 말한다. 이 2가지의 균형이 매우 중요하다.

지금의 나는 중요한 결단을 내리기 전에 반드시 임원들과 상의한다. 깨달음을 얻었다면 상대방이 젊은 사원이라도 귀를 기울이고, 감사 인사를 전해야 한다. 물론 검토만 해서는 행동에 제약이 많아진다. 성공의 시간차 공격의 회수 속도가 늦어지게 된다. 가능하면 행동하면서 '눈과 귀, 안테나'를 사용해 검토와 개선을 계속하도록 하자.

그리고 바로 조언을 구할 사람이 옆에 없을 수도 있다. 그런 경우에는 쉽게 접할 수 있는 인터넷이나 책을 통해 정보를 보완하자. note.com이라는 프로 사이트에는 내가 보기에도 고급 콘텐츠가 가득하다. 유튜브에는 해당 분야를 선도하는 프로 경영자와 마케터 등이 서로 경쟁하듯 유익한 영상을 올린다. 게다가 모두 무료로 시청 가능하다. 물론 서점에서 관련 서적을 사서 읽는 것도 효과적이다.

그 분야의 최전선에서 활약하는 사람들의 조언을 가급적 많이 보고 들어서 공통된 패턴을 찾아내고, 자신의 상황에 적용해 생각하는 습관을 기르도록 하자.

부자가 되기 위한 신의 법칙 15
세미나나 교류회를 즐기려고 하지 않기

인풋보다는 아웃풋. 반성보다도 행동을 중시하자. 지금까지 그렇게 말해왔다. 이는 교류회나 세미나에서도 마찬가지다. 여기서는 내 나름의 세미나와 교류회 활용 방법에 대해 소개하고자 한다.

우선 세미나나 교류회에 참가해서 신나게 즐거운 시간만 가져서는 별로 가치가 없다.

'무언가 하나라도 정보를 얻어가야지', '새로운 행동으로 이어질 만한 다음 착수점을 찾아야지' 어떤 모임이나 행사에 참가할 요량이라면 그런 생각으로 임해야 한다. 그러기 위해서 주최 측이나 강사에게는 다음의 질문을 해보면 좋다.

어떻게 성공했는가?
어떻게 그 행동에 도달했는가?
그 과정을 아는 데 권할 만한 정보(책이나 사이트)가 있는가?

당신의 행동 프로세스에 힌트가 될 만한 것들을 잘 물어보자. 이를 위해 2차에 참가한다면 의미 있는 모임이었다고 할 수 있다. '누군가의 명함을 받았는지'보다 '어떤 힌트를 얻었는지'를 중시하자.

우연한 만남을 필연으로 바꿔라

반드시 성공하는 사람과 스스로의 힘으로 부자가 된 사람은 우연을 필연으로 바꾸는 힘을 가지고 있다.

이전에 이런 일이 있었다. 나는 매일 업데이트하는 트위터 등의 SNS를 통해 당시 스물두 살의 한 학생에게서 메일을 받았다. '학생인데 창업을 했다. 고민이 많으니 한 번 만나달라'는 내용이었다. 평소 나는 일정도 바쁘고 이런 부탁에 응하는 법이 거의 없었다. 그런데 이때는 상대가 학생이라는 점, 이미 창업을 했다는 2가지 사실에 흥미가 생겼다. 그래서 내 사무실에서 한 시간 정도 만나기로 약속을 잡았다.

만약 독자 여러분이 존경하는 경영자나 책의 저자를 만나고자 연락하려면 적어도 '이미 행동하고 있어야' 한다. 행동도 하지 않은 단계에는 결국 책에 나오는 것 이상의 내용을 조언할 수 없기 때문이다.

일본 맥도널드의 창업 오너이자《유태인의 상술ユダヤの商法》저자인 후지다 덴이 당시 대학생이던 청년 손정의(소프트뱅크 창업자)를 만난 것도 그가 이미 행동을 시작한 사람이었기 때문이다. 그 후 후지다의 조언을 받아들인 손정의는 미

국으로 건너가 IT비즈니스를 창업했다.

이때도 그랬다. 청년의 이름은 굳이 말하지 않겠다. 그는 '창업을 했는데, 아직 동료도 몇 없고 무엇부터 시작해야 할지 모르겠다', '대학 동아리 같은 느낌이 강해서 모티베이션을 유지시키기가 어렵다'며 행동에 대한 고민을 털어놓았다. 뜨겁게 꿈을 이야기하는 젊은이. 그에게 당시 어떤 말을 해주었는지는 자세히 기억나지 않는다.

다만 눈부셨다는 인상만은 마음에 남아 있다. 그리고 '꾸준히 행동하는 것의 중요성', '동료는 신뢰하되 금전 면에서는 신용하지 않을 것', '마지막에는 혼자서 해낸다는 각오를 할 것', '매일 꾸준히 공부할 것' 등을 당시의 내 경험에 비추어 조언했던 것으로 기억한다.

그로부터 4년이 지난 후, 나는 우연히 그와 다시 만났다. 물론 실제로 만난 것은 아니다. 규모가 큰 광고대행사인 '사이버에이전트'의 후지타 스스무 사장이 SNS에 올린 사진에 그가 함께 찍혀 있었다. 그는 사이버에이전트에서 출자를 받아 클라우드 서비스로 상장 준비를 하는 중이었다.

'언제 상장해도 이상하지 않다. 지금은 시기를 보고 있는 것뿐'. SNS에는 그렇게 적혀 있었다. 얼굴도 내가 만난 당시의 젊은이에서 자신감과 사명감으로 불타는 경영자의 모습으로 바뀌어 있었다.

이때만큼 '스스로 행동하는 것의 중요성', 그리고 '인간의 가능성은 정말로 무한하다'고 느낀 적이 없었다. 그리고 이날을 계기로 나는 내 회사를 상장하기로 결심했다. 이미 이야기한 어린이의 교육 격차와 지역 격차를 해소하는 신사업 말이다.

행동은 꿈꾸는 미래를 만든다. 성공한 부자들은 행동을 통해 '우연'을 발견하고, 행동을 통해 '필연'으로 바꾸어낸다. 그 모든 과정이 성공으로 가는 궤적이 된다.

계속 노력해 온 성공한 사람이나 부자일수록 현상 유지를 무척이나 싫어한다. 그것은 현상 유지를 하는 상태로는 우연이나 행운을 만날 확률이 적다는 것을 알기 때문이다. 그러려면 안정보다도 변화를 추구해야 한다. 늘 성장을 추구하는 자세야말로 가장 중요하다.

지출이 수입을 웃도는 상황을 만들지 말라

마지막으로 반드시 성공하는 사람, 연 수입 10억 원을 버는 사람만이 가진 '돈의 지식'에 대해 살펴보도록 하겠다.

그들에게 공통된 것은 돈에 대한 불안이 없다는 점이다. 불안에 사로잡히지 않기 위해 돈을 저축하는 법, 버는 법, 그리고 늘리는 법을 알고 있다. 금전적인 불안에서 해방되면 눈앞의 행동에 집중할 수 있다. 그러기 위해 중요한 것이 바로 전체적인 수입과 지출의 균형적인 관리다.

다이어트를 하려고 마음먹었을 때 가장 먼저 체중 관리를 생각한다. 이와 마찬가지로 수입과 지출의 균형을 생각하여 빠져나가는 돈을 줄이는 일이 필요하다. 당연한 이야기지만, 아무리 돈을 많이 벌어도 그와 동일한 지출을 하면 결국은 마이너스가 된다. 반면에 들어오는 돈에 상관없이 나가는 돈이 줄어들면 기본적으로 돈은 벌수록 늘어난다.

즉, 연봉이 올라도 그에 맞는 사치스러운 생활을 하면 돈의 불안은 사라지지 않는다. 투자한 돈도 불어나지 않는다. 수입 〉 지출, 이것이 자산을 늘리는 원리원칙이다.

돈에 관한 공부를 멈추지 마라

나와 당신이 사는 인생은 의외로 짧다. 특히 현역에서 일하며 열심히 돈을 벌 수 있는 기간은 대략적으로 20세에서 60세까지, 기껏해야 40년 정도다. 100세 시대가 도래했다고 이야기해도 건강수명만을 생각하면 그리 길지는 않을 것이다. 더구나 적극적으로 돈을 쓰고 자기투자를 하고 거기서 다시 수익을 만들어내는 나이를 생각하면 더욱 그렇다.

이처럼 인생에서 자신이 어느 기간에 돈을 벌고, 어느 정도의 자기투자를 하고, 주식과 채권 등의 금융투자 지식을 총동원하여 돈을 불릴 것인가? 그러기 위해 어떤 수입과 지출의 균형을 갖추면 어느 정도 여유를 갖고 행동할 수 있을까? 이 '행동과 리턴의 캐시플로우'를 항상 생각해야 한다. 이러한 행동과 리턴의 금전적 균형을 생각할 때 가장 중요한 것이 미리 수입과 지출의 비율을 정해두는 일이다.

극단적인 이야기지만 아무리 사업이나 투자로 성공해도 모두 사치에 사용해 버리고 고층 빌딩의 로열층에서 우아한 생활을 지속한다면 자산은 줄어들 것이고, 돈의 불안은 해소되지 않을 것이다. 반대로 많이 벌고 계획적으로 자기투자를 하며, 지식과 경험을 기반으로 행동함과 동시에 생활 수준을 크게 바꾸지 않으면 돈은 계속 쌓인다.

내가 좋아하는 할리우드 스타 중에 니콜라스 케이지Nicolas Cage가 있다. 그는 히트 작품도 많고 1.5억 달러(원화로 환산하자면 약 2,000억 원-편집자 주)의 자산을 손에 넣었다. 그런 만큼 사치스러운 생활을 하고 있지 않을까 싶었지만, 얼마 전 충격적인 뉴스가 세상을 뒤흔들었다. 가진 재산을 전부 써버리고 파산 신청을 시작했다는 것이다.

아무리 돈이 많거나 성공한 사람이라도 저축한 돈을 자기투자나 자산운용에 쓰지 않고 물처럼 펑펑 쓰면 파산하고 만다. 지금 이 순간에는 부자일지라도 그의 미래에는 비참한 노후가 기다리고 있을지도 모른다.

그러니 ① 수입은 늘리고 지출은 줄일 것, ② 매월 정해진 비율을 자기투자에 사용할 것, ③ 행동으로 다음 리턴을 만들어낼 것, ④ 번 돈으로 미국 주식이나 전 세계의 주식 등의 금융상품에 투자할 것을 권한다.

세상의 부자들이 큰돈을 벌면서 자기투자나 금융투자를 통해 자산을 더욱 증식시키고 있다. 주식투자 등의 저축에서 투자에 이르는 과정은 이 책의 주제에서 벗어나므로 언급하지 않는다. 나의 기존 저서에서 언급되어 있으니 함께 읽어보기 바란다.

부자가 되기 위한 신의 법칙 19

일하면서 투자도 하자

수입을 늘리고 싶다면 자기투자를 지속해야 한다. 하지만 어제보다 나은 오늘의 성장을 목표로 매일 착실히 행동하면, 이미 소개한 대로 행동의 성과는 복리로 늘어난다. 이것을 나는 '행동의 미래 적금'이라고 부른다.

매일 1%씩 눈에 보이지 않을 정도로 작은 변화라도 괜찮다. 매일 행동하면 미래 적금이 쌓이면서 복리의 효과로 불어난다. 물론 하루하루의 개선에도 당연히 복리의 효과가 작용한다. 이처럼 연 수입 10억 원 이상을 버는 사람은 노동집약형 수입과 자산운용형 수입을 동시에 늘린다. 이 2가지를 양 날개의 엔진으로 삼아 행동을 지속하는 것이다.

로버트 기요사키의 《부자 아빠 가난한 아빠》가 대히트를 친 이후로 돈에 대한 일본인의 생각도 많이 달라졌다. 그런 반면에 큰 단점도 생겨났다고 본다. 바로 노동을 경시하는 태도다.

원래 일본인은 노동 의욕이 높은 국민이다. 그것이 2차 세계대전 후의 부흥을 이끌었고 세계 유수의 경제 대국의 길로 끌어올린 것이다. 그런데 투자 의욕이 고취되면서 최근에는 노동을 경시하는 발언이나 언론의 잘못된 태도가 늘어나고 있는 듯하다. 작금의 파이어(조기 은퇴) 붐도 마찬가지다.

하지만 우리 생활의 99%는 누군가의 노동 덕분에 유지된다. 이 책에서 내가 소개한 성공한 사람들이나 견실한 부유층의 대부분은 동시에 근면한 노동자이기도 하다. 실제로 로버트 기요사키는《부자 아빠 가난한 아빠》를 쓴 후로도 계속해서 책을 내고 있다. 전 세계를 돌아다니면서 강연 활동도 한다. 지금은 부동산 투자를 지속하면서 새로이 교육 사업에도 진출했다고 한다.

이미 그들에게 있어 노동이란 어떤 의미에서 많은 교훈을 얻을 수 있는 자기투자 중 하나이며, 무엇과도 바꿀 수 없는 성장의 원천이 되는 것이다. 인생에서 배제할 대상이 아니라는 의미다. 그리고 거기서 얻은 수입을 새로운 사업이나 금융투자에 활용하여 돈을 불린다. 성공한 사람이 복리로 자산을 늘려갈 수 있는 까닭은, 이 메커니즘을 서커스의 커다란 수레바퀴처럼 말도 안 될 정도의 속도로 굴리고 있기 때문이다.

부자가 되기 위한 신의 법칙 20

노동을 '10억 원짜리 티켓'이라고 생각하라

최근에는 투자자뿐만 아니라 회사원 중에도 조기 은퇴를 목표로 하는 사람들이 많아졌다. 그런데 앞으로 돈을 불리고 싶은 사람일수록 경제적인 자유에만 초점을 맞추는 것은 어째서일까? 그것은 노동이 상당히 강제적이고 고통스러운 것이라고 생각하기 때문이다.

하지만 정말로 돈으로 힘들어할 일이 없는 삶을 살고 싶다면, 전체 자산의 밑바탕을 끌어올리는 일에 눈을 돌려야 한다. 그러기 위해서 진정한 '머니 머신'을 바라보아야만 한다.

지금 당신이 트위터나 블로그에 떠다니는 '하루 5분만 일해도 월 100만 원', '전 세계를 여행하며 사는 경제적 자유를 손에 넣은 투자자' 등의 말도 안 되는 광고 문구에 흔들리고 있다면, 생각을 바로잡아야만 한다. 사기를 당해서 큰돈을 날려버리게 되는 덫이기 때문이다. 이 책의 내용도 전혀 머릿속에 들어오지 않을 것이다.

이 책을 읽는 여러분의 인생 목적이 '전 세계를 여행하며 돈을 버는 것'이라면 그것이 정답이다. 하지만 정말로 그럴까? 그것은 남들이 연기하는 라이프스타일이고 SNS상의 가짜 모습일 뿐이다. 본래 당신이 바라던 꿈과 목표는 아니었을 것이다.

마지못해 해외에 체류하는 것보다 눈앞에 놓인 실현하고 싶은 일에 더 초점을 맞춰야 한다. 그러기 위해 땀 흘려 일해야 한다면 거기서 도망쳐본들 현실 세계에서 얻을 수 있는 것은 없다.

나는 새로운 사업을 통해 아이들의 따돌림 문제와 등교 거부를 없애려는 미션을 내걸고 있다. 그러기 위한 비즈니스를 성공시키고 보급시키는 데 남은 인생을 걸기로 했다. 이렇게 마음먹은 이상 일본을 떠날 수는 없다. 노동을 멈출 수도 없다. 그런데 조금도 힘들지 않다. 그것이 내가 돈을 버는 방식이며, 돈을 사용하는 방식이기도 하다.

노동으로부의 해방이 아니라 한정된 인생의 시간 속에서 해야 할 사명에 정열을 쏟아붓고자 하는 것이다. 만약 그래도 회사에 묶여있기 싫고 자유로운 삶을 살고 싶다면, 지금의 일을 정말로 좋아하는지 한 번쯤 진지하게 생각해 볼 일이다. 자유로워지고 싶은 이유는 그저 노동으로부터 도망치고 싶은 마음 때문일 가능성이 있다. 정말로 하고 싶은 일을 제대로 찾으면 이러한 오해나 속박으로부터 해방될지도 모른다.

이 책에서 소개한 20가지의 법칙을 읽어보면 알 수 있듯이, 연 수입 10억 원을 손에 넣는 사람이란 목표를 갖고 행동을 지속하며 진정한 '머니 머신'을 확보하여 필요한 돈과 시간을 소중한 자신을 위해 투자하는 사람들이다.

여기서부터 역산하여 행동을 쌓아가면 5년, 10년이라는 시간이 지났을 때는 커다란 차이를 만들어낼 수 있다. 지금부터라도 늦지 않았다. 이 책을 참고 삼아 부디 행동을 시작하기 바란다.

인생은 단 하나의
행동으로 인해 움직인다

인생이란 정말로 재미있다. 단 하나의 행동으로 인해 롤러코스터를 탄 것처럼 단번에 보이는 풍경이 달라지니 말이다. 세계적인 팬데믹으로 인해 이전처럼 교실에서 나란히 한 줄로 앉아 공부하거나 매일 전철을 타고 출근하던 모습은 변화를 맞이했다.

행동하는 장면 역시 마찬가지다. 디지털의 진화로 이전처럼 공부하는 시간과 일하는 시간의 경계가 사라졌다. 걸으면서 영상이나 음성을 접하고 공부하는 사람도 많다. 컴퓨터와 인터넷만 있으면 집이나 지방에 있는 공유 오피스 등의 자유로운 공간에서도 아웃풋을 낼 수 있다.

나는 코로나19로 자숙하던 기간에 두 개의 그룹 회사와
는 별도로 새로이 스타트업을 시작했다. 그 사업에는 직원이
없고, 기본적으로는 모두 외부 인력에게 위탁하는 방식을 취
하고 있다. 간호사로 일하는 사람도 있고, 지방에서 프리랜
서로 함께 하는 사람도 있다. 일하는 시간도 장소도 할당량
까지도 모두 자유롭게 결정하도록 했다.

나 역시 기본적으로는 도쿄를 중심으로 일하지만, 일 년
에 몇 번은 이시가키지마에 거점을 옮겨 일하기도 한다. 요
즘 말하는 워케이션workation인 셈이다. 그래도 생산성이 떨
어지는 법은 없다. 오히려 이전보다 더 향상된 것 같은 느낌
을 받는다.

이처럼 디지털 기술과 생산성을 둘러싼 환경이 달라지면
개개인의 가처분 시간도 극적으로 늘어난다. 그 시간을 어떻
게 사용하느냐가 1년 후의 자신의 부가가치와 연봉을 결정
짓는다. 동시에 어떤 기업에 소속되어 있고, 어디에 거주하
는지 등의 장애물이나 능력이 차이가 없어진다.

앞으로는 일하는 방식은 물론이고 재화와 서비스가 다른
형태로 제공되는 시대가 온다. 그 미래를 형성하는 한 가지
가 메타버스(가상현실)이다. 혹은 로봇도 마찬가지다. 인간형

로봇에 집착하기보다는 어느 가정에나 있는 TV나 청소기 자체에 구비된 로봇과 대화할 수 있는 센서를 만드는 편이 효율적일 수도 있다.

사람들이 장벽이나 능력의 한계로 인식했던 것들이 모두 소멸된 것이 지금의 세상이다. 이런 사회에서는 성공하기 위한 포인트도 극적으로 달라진다. 그것을 알아차리고 나는 재빠르게 인생을 변화시키려고 한다.

다음은 당신의 차례다.

금융에 대한 공부만 한다고 해서 연 수입 10억 원을 벌 수 있는 것은 아니다. 새로운 배움이 필요하다. 그러기 위한 힌트를 이 책에 정리했다. 부디 반복해서 읽고 인생을 바꾸는 한 걸음을 내딛는 계기로 삼길 바란다.

마지막으로 이 책을 집필할 기회를 주신 PHP연구소의 많은 분들께 감사의 인사를 전한다.

2023년 설날 가미오카 마사아키

옮긴이 황미숙

이와이 순지 감독의 영화를 계기로 배우게 된 일본어로 먹고 사는 통번역사. 늘 새
롭고 다양한 분야를 넘나들며 즐거움과 깨달음을 얻고, 항상 설레는 인생을 꿈꾼
다. 경희대 국어국문학과를 졸업하고 한국외국어대학교 통번역 대학원 일본어과 석
사 취득. 현재 번역 에이전시 엔터스코리아 출판기획 및 일본어 전문 번역가로 활동
하고 있다.
주요 역서로는 《단독자》《일본 최고의 대부호에게 배우는 돈을 부르는 말버릇》《영
화를 빨리 감기로 보는 사람들》《어른의 말공부》외 다수가 있다.

백만장자
아웃풋

1판 1쇄 인쇄 2023년 11월 13일
1판 1쇄 발행 2023년 11월 29일

지은이 가미오카 마사아키
옮긴이 황미숙

발행인 양원석 **편집장** 박나미 **책임편집** 이수빈
디자인 강소정, 김미선
영업마케팅 윤우성, 박소정, 이현주, 정다은, 백승원

펴낸 곳 ㈜알에이치코리아
주소 서울시 금천구 가산디지털2로 53, 20층 (가산동, 한라시그마밸리)
편집문의 02-6443-8867　**도서문의** 02-6443-8800
홈페이지 http://rhk.co.kr
등록 2004년 1월 15일 제2-3726호

ISBN 978-89-255-7575-9 (03190)